なるほど
예 그렇구나

발음부터 회화까지 쉽게 배우는

독학 일본어
첫걸음 개정판

예스북

머리말

　일본어를 학습하는 학생들에게 가장 많이 듣는 하소연 가운데 하나가 바로 "일본어를 열심히 공부해도 실전에서는 한 마디도 못하겠다"는 말입니다.

　이처럼 열심히 공부해도 실력이 늘지 않는 가장 큰 원인은 학생들이 주로 공부하는 문법과 실전 회화가 조화를 이루고 있지 못하다는 점입니다.

　일본어 회화는 문법과 실전 회회가 조화를 이루어만 가능하며, 학습법도 여기에 초점에 맞추어져야 합니다. 즉, 하나를 배우면 열을 말할 수 있어야 제대로 된 일본어 회화 학습이라고 할 수 있는 것입니다.

　이 책은 바로 그런 문제점에 대한 해답을 명쾌하게 제시하고 있습니다.

　일본어를 잘하기 위해서는 세 가지 원칙을 꼭 지켜야 합니다.

첫째, 일본어를 많이 들어야 합니다.

　일본어는 우리말에 비해 속도가 빠른 편입니다. 노래의 랩을 처음 들으면 무슨 말을 하는지 전혀 알아듣지 못하다가도 반복해서 들으면 조금씩 가사가 귀에 들어오는 것처럼, 일본어 학습에 있어서 최우선 과제는 일본어의 속도감에 익숙해지도록 많이 듣는 것입니다. 귀가 열리지 않으면 절대 입에서 나오지 않는 법이니까요. 따라서 이 책의 부록인 mp3 파일을 적어도 하루에 한 번은 꼭 듣도록 하세요. 내용을 몰라도 상관없습니다. 그냥 음악을 듣는다는 기분으로 반복해서 들으면 됩니다.

둘째, 직접 소리를 내서 발음해 봐야 합니다.

　우리의 귀가 속도감에 적응하는 훈련을 하고 있다면, 입은 어색한 발음에 익숙해지는 훈련을 해야 합니다. 어휘를 암기했다고 해서 그 어휘를 실전 회화에 그대로 사용할 수 있는 것은 아닙니다. 순간적으로 암기한 단어는 사용하지 않으면 어느새 죽은 지식이 되고 맙니다. 자꾸 소리를 내서 발음하는 습관을 들이다 보면, 머리가 아닌 우리의 몸이 그 어휘에 익숙해지면서 실전에서도 사용할 수 있게 되는 것입니다. 따라서 일본인이 읽어 주는 이 책의 예문들을 듣고 흉내 낸다는 기분으로 따라해 보세요. 단, 반드시 2번 이상 따라 읽는 습관을 들여야 합니다.

셋째, 문장을 통째로 암기해야 합니다.

어휘는 언어 습득에 있어서 매우 중요한 요소입니다. 하지만 문법과 문형이 생략된 어휘 암기는 그다지 파워를 갖지 못합니다. 이 책은 일본어 회화를 위한 가장 기초적인 어휘들을 중심으로 예문을 구성했습니다. 각 예문을 어휘 학습의 연장선상이라 생각하고 가능한 한 통째로 암기하세요. 그러다 보면 어휘, 문법, 문형이 동시에 소화되는 놀라운 경험을 할 수 있을 것입니다.

죽기 아니면 살기의 심정으로…

일본말에 'キヨブタする(ki yo bu ta su ru)' 라는 표현이 있습니다. 이 말은 원래 '清水(きよみず)の舞臺(ぶたい)から飛び落ちるつもりでする' 라는 표현을 요즘 신세대에 맞게 줄인 표현입니다. '清水の舞臺' 는 '清水寺' 라는 절의 불당을 가리킵니다. 이 절은 바다를 배경으로 높은 절벽 위에 위치해 있었는데, 나무 바닥을 깔아놓은 불당의 모습이 마치 절벽 위에 있는 무대 같다고 해서 '清水の舞臺' 이라는 말이 생겨났다고 합니다. 즉 'キヨブタする' 란 '思い切って何かをすること', 우리말로 하면 '죽기 아니면 살기' 의 심정으로 과감하게 어떤 행동을 취할 때 사용하는 표현입니다.

배움에는 '지식지수' 보다 '정열지수' 가 먼저이며, 할 수 있다고 생각하는 사람에게 '가능성' 이 존재한다고 믿습니다.

'키요부타' 한다는 심정으로 위의 '일본어를 잘하기 위한 세 가지 원칙' 에 충실해 이 책의 내용들을 공부해 보세요.

반드시 귀가 열리고 입이 열리는 놀라운 체험을 경험할 수 있을 것입니다.

이수진

이 책의 구성

급소

해당 part의 핵심 요점이라고 할 수 있습니다. 해당 품사를 회화로 연결하기 위해 꼭 필요한 문법적 원칙을 일목요연하게 정리했습니다.

회화 맛보기

그 과에서 학습할 문법과 문형이 일상생활에서 어떻게 사용되는지를 보여줍니다. 실제 회화에서 사용할 수 있는 회화체로 구성했습니다.

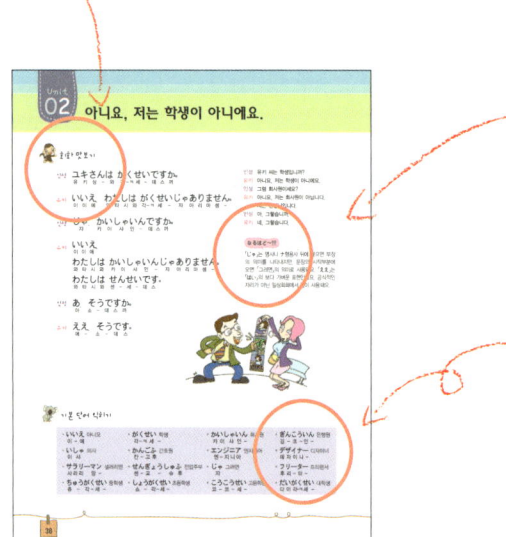

나루호도~!!! (그렇구나~!!!)

학습자들의 이해를 돕기 위해 문법적 조언과 해당 문형을 사용하는 데 있어서 꼭 기억해야 할 주의사항을 담았습니다. 유용하게 활용하세요~!!!

기본단어 익히기

기본적으로 숙지해야 할 어휘들을 각 unit의 상황에 맞게 발췌했습니다. 또 처음 일본어를 접하는 학습자들을 위해 우리말 발음을 병기했기 때문에 혼자서도 거의 정확한 발음을 익힐 수 있습니다.

유키의 어드바이스

유키(저자) 선생님의 강의 경험을 바탕으로 학습자들이 어려워하는 일본어와 우리말 표현의 차이점 및 발음 원리 등을 좀 더 상세히 설명했습니다. 꼼꼼히 확인하세요~!!!

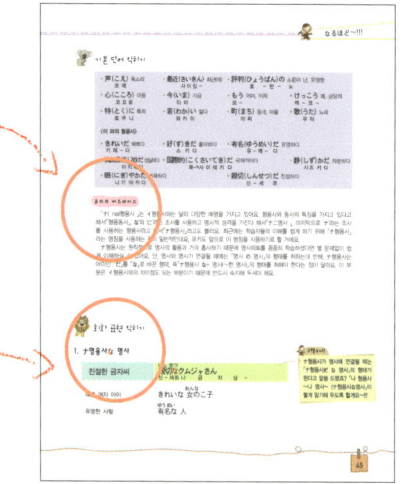

회화표현 익히기

일본인들이 자주 쓰는 문형을 중심으로 구성했습니다. 일본인이 읽어주는 발음을 잘 듣고 큰 소리로 따라해 보세요. 문법, 문형, 어휘를 동시에 익힐 수 있습니다.

실력 굳히기

해당 unit에서 학습한 문형과 어휘를 통해 직접 문장을 만들어 보고 정리하는 자가진단 코너입니다. 가장 좋은 회화훈련은 하고 싶은 우리말을 일본어로 바꾸는 것입니다. 실력 굳히기에서 별 문제없이 일본어 문장을 만들 수 있다면 바로 다음 unit으로 넘어가세요~!!!

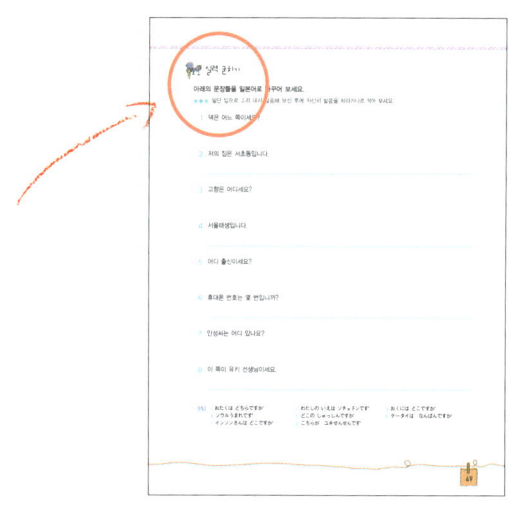

한자 익히기

해당 unit에 나왔던 어휘의 한자를 학습하는 코너입니다. 한자 학습은 일본어 학습에서 빼놓을 수 없는 주요 과정입니다. 처음에는 보고 읽을 수 있을 정도로만 연습하면 됩니다. 그 단계가 수월해지면 쓰는 연습을 병행하도록 합니다.

알아두기

우리가 기본적으로 반드시 숙지해야 할 기초 어휘를 각 품사 학습이 끝나는 마지막 부분에 담았습니다. 어느 정도의 어휘를 소화했는지 확인한 뒤 부족한 어휘는 반드시 따로 암기하도록 합니다.

차 례

차 례

START

일본어와
눈도장 찍기

独学で学ぶ
日本語会話の第一歩

일본의 문자

일본의 문자에는 표의문자인 한자와 표음문자인 가나문자가 있어요. 가나문자는 붓으로 흘려 쓰는 한자, 즉 초서체의 부드러운 곡선을 본떠서 만든 히라가나와 한자의 일부분을 떼어와 만든 가타카나로 나뉘어요. 쉽게 말해 히라가나는 곡선적인 착한 몸매를, 가타카나는 직선적인 못된 몸매를 가졌다고 이해하면 돼요.

일본어 표기

일본어 문장은 한자와 히라가나를 중심으로 표기가 이루어져요. 한자는 일본어의 의미 부분을 나타내고, 히라가나는 조사·부사·동사·형용사의 활용 부분 등 한자로는 표기할 수 없는 부분을 담당하지요. 또 가타카나는 주로 외래어 표기에 사용되지만 의성어, 의태어, 전보문, 동식물 이름, 전문용어 등 문장에서 특별히 강조하고 싶은 부분에 사용되기도 해요. 마지막으로 일본의 상용한자는 무려 1945개에 이르기 때문에 한자공부는 일본어 학습에 있어서 빼놓을 수 없는 과제라고 할 수 있어요.

일본어의 발음

일본어는 5개의 모음(あ·い·う·え·お)으로 구성되어 있어요. 이 모음들은 각각 단독의 음으로서 사용되고, 앞에 장음이나 자음, 또는 반모음을 동반해 하나의 음을 구성하지요. 단, 「ん」만은 특별하게 모음을 동반하지 않고 독립적으로 하나의 음을 이루고 있어요. 또, 일본어 발음에는 기본 발음을 나타내는 청음(오십음도)과 그 밖에 다양한 발음을 나타내기 위한 탁음, 반탁음, 요음, 촉음, 발음, 장음 등이 있어요.

일본어의 억양

일본어가 우리나라 경상도 사투리와 비슷하다는 말을 들어 봤을 텐데요, 이는 일본어는 한국어와는 달리 음절의 높낮이, 억양이 존재하기 때문이랍니다. 일본어는 원칙적으로 첫 번째 음절과 두 번째 음절의 높낮이가 달라요. 즉, 높은 음절로 시작되는 단어는 다음 음절이 반드시 낮아지고, 낮은 음절도 시작되는 단어는 반드시 다음 음절이 높아진답니다. 또 한 번 낮아진 음절은 동일한 단어 안에서 더 이상 높이의 변화가 일어나지 않기 때문에 이 점에 유의해서 발음해야 해요.

일본어는 억양이 매우 중요해요. 같은 음의 단어라도 억양을 어떻게 하느냐에 따라 전혀 다른 의미가 되기 때문이지요. 그렇다고 모든 단어의 억양을 하나하나 익히기란 보통 어려운 일이 아니에요. 가장 좋은 방법은 일본인이 읽어주는 단어나 억양에 집중해 그대로 흉내 내는 거예요. 같은 단어나 문장을 반복해서 따라 하다 보면 자연스럽게 일본어 억양에 익숙해질 수 있어요. 글자를 암기하고 읽는 일도 중요하지만, 일본어 학습에서 가장 기본이 되는 것은 억양의 습득이라고 할 수 있어요. 억양에는 약간의 습관성이 있기 때문에 나중에 바로 잡겠다는 생각은 매우 위험하답니다. 일본어 학습을 시작하는 시점에서 바른 억양을 익혀야 나중에도 자연스러운 일본어를 구사할 수 있다는 점을 꼭 기억하세요~!!!

두 번째   착한 몸매의 소유자, 「히라가나」   なるほど!!!

清音(청음)

오십음도의 기본 글자로, 일본어의 대표적인 발음 가운데 하나예요. 기본모음 5개와 합성모음 3개, 그리고 자음 10개로 이루어져 있어요.

「あ행」의 발음은 우리말의 「아·이·우·에·오」와 같아요. 단, 「う」는 「우」와 「으」의 중간음으로 발음해요.

あ	い	う	え	お
[a/아]	[i/이]	[u/우]	[e/에]	[o/오]

あなご 붕장어
아 나 고

いっぱい 가득
입 ― 파 이

うどん 우동
우 동 ―

えり (옷)깃
에 리

おでん 어묵
오 뎅 ―

연습 일본문자는 가로획부터 쓰는 것이 원칙입니다.

あ	あ				
い	い				
う	う				
え	え				
お	お				

「か행」은 우리 발음 「ㅋ · ㄱ」의 중간 발음이지만, 어두 다음에 올 때는 「ㄲ」에 가깝게 발음돼요. 기본적으로 「ka · ki · ku · ke · ko」로 발음하되, 「く」는 「쿠」와 「크」의 중간음으로 발음해요.

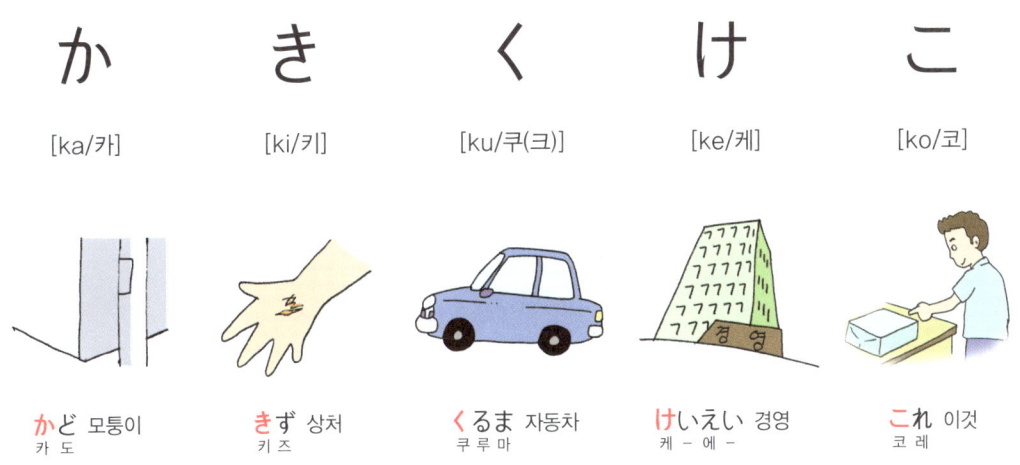

か	き	く	け	こ
[ka/카]	[ki/키]	[ku/쿠(크)]	[ke/케]	[ko/코]

かど 모퉁이
카 도

きず 상처
키 즈

くるま 자동차
쿠 루 마

けいえい 경영
케 ー 에 ー

これ 이것
코 레

:: **연습** 일본문자는 가로획부터 쓰는 것이 원칙입니다.

か	か					
き	き					
く	く					
け	け					
こ	こ					

「さ행」의 발음은 우리 「ㅅ」 발음과 가까워요. 기본적으로 「sa · shi · su · se · so」로 발음하되,
「す」 는 「스」에 가깝게 발음해요.

さ　　し　　す　　せ　　そ

[sa/사]　　　[shi/시]　　　[su/수(스)]　　　[se/세]　　　[so/소]

さくら 벚꽃
사 쿠 라

しまい 끝, 마지막
시 마 이

すり 소매치기
스 리

せんべい 일본 과자
셈 ㅡ 베 ㅡ

そでなし 민소매
소 데 나 시

연습 일본문자는 가로획부터 쓰는 것이 원칙입니다.

さ	さ				
し	し				
す	す				
せ	せ				
そ	そ				

た행

「た행」은 원칙적으로 우리 발음 「ㅌ·ㄷ」의 중간음으로 발음되지만, 어두 다음에 올 때는 「ㄸ」에 가깝게 발음돼요. 단,「ち」는 어두에 올 때는 「치」 발음에 가깝지만, 어두 다음에 올 때는 「찌」에 가깝게 발음하고, 「つ」는 「츠」와 「쯔」의 중간 음으로 발음해요.

た	ち	つ	て	と
[ta/타]	[chi/치·찌]	[tsu/츠·쯔]	[te/테]	[to/토]

たまねぎ 양파
타 마 네 기

ちらし 광고전단지
치 라 시

つめぎり 손톱깎이
쯔 메 기 리

てもと (미장이,목수)조수
테 모 토

とり 새
토 리

연습 일본문자는 가로획부터 쓰는 것이 원칙입니다.

た	た						
ち	ち						
つ	つ						
て	て						
と	と						

15

な행

「な행」은 우리 「ㄴ」과 발음이 같아요. 기본적으로 「na・ni・nu・ne・no」로 발음하되, 「ぬ」는 「누」와 「느」의 중간음으로 발음해요.

な	に	ぬ	ね	の
[na/나]	[ni/니]	[nu/누(느)]	[ne/네]	[no/노]

ながれ 무산,취소
나 가 레

にく 고기
니 쿠

ぬいぐるみ 헝겊 인형, 장난감
누 이 구 루 미

ねぎ 파
네 기

のリ 김
노 리

🔵🟡 **연습** 일본문자는 가로획부터 쓰는 것이 원칙입니다.

な	な					
に	に					
ぬ	ぬ					
ね	ね					
の	の					

「は행」은 우리 「ㅎ」의 발음과 가까워요. 기본적으로 「ha・hi・hu・he・ho」로 발음하되, 「ふ」는 「후」와 「흐」의 중간음으로 발음해요.

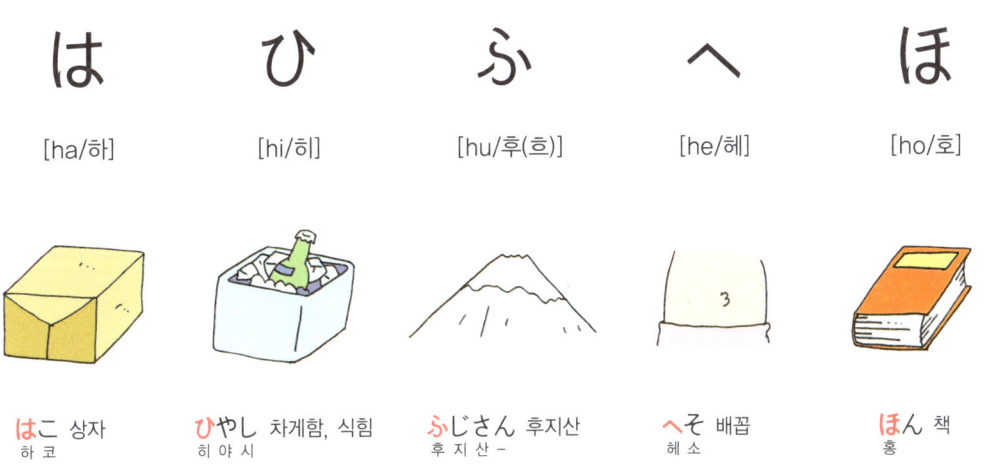

は	ひ	ふ	へ	ほ
[ha/하]	[hi/히]	[hu/후(흐)]	[he/헤]	[ho/호]

はこ 상자
하 코

ひやし 차게함, 식힘
히 야 시

ふじさん 후지산
후 지 산 −

へそ 배꼽
헤 소

ほん 책
홍

🔵🔵 **연습** 일본문자는 가로획부터 쓰는 것이 원칙입니다.

は	は						
ひ	ひ						
ふ	ふ						
へ	へ						
ほ	ほ						

「ま행」은 우리 「ㅁ」의 발음과 같아요. 기본적으로 「ma · mi · mu · me · mo」라고 발음하되, 「む」는 「무」와 「므」의 중간음으로 발음해요.

ま	み	む	め	も
[ma/마]	[mi/미]	[mu/무(므)]	[me/메]	[mo/모]

まんたん 가득 채움
만 - 탕 -

みそ 된장
미 소

むてっぽう 무모함
무 텝 - 뽀 -

め (신체)눈
메

もち 떡
모 찌

:: **연습** 일본문자는 가로획부터 쓰는 것이 원칙입니다.

「や행」은「ya·yu·yo」로 발음해요.

や	(い)	ゆ	(え)	よ
[ya/야]		[yu/유]		[yo/요]

やま 산
야 마

ゆき (날씨)눈
유 키

ようい， どん 준비, 땅
요 - 이 , 동 -

연습 일본문자는 가로획부터 쓰는 것이 원칙입니다.

や	や					
ゆ	ゆ					
よ	よ					

「ら행」은 우리 「르」의 발음과 같아요. 기본적으로 「ra · ri · ru · re · ro」로 발음하되, 「る」는 「루」
와 「르」의 중간음으로 발음해요.

ら	り	る	れ	ろ
[ra/라]	[ri/리]	[ru/루(르)]	[re/레]	[ro/로]

らーめん 라면
라 - 멘 -

りぼん 리본
리 봉 -

るす 부재중
루 스

れきし 역사
레 키 시

ろばたやき 풍로구이 요리
로 바 타 야 키

∷ **연습** 일본문자는 가로획부터 쓰는 것이 원칙입니다.

ら	ら					
り	り					
る	る					
れ	れ					
ろ	ろ					

わ행과 ん

「わ」는 우리말 「와」 발음과 같아요.

わ	を	ん
[wa/와]	[o/오]	[n/응·은·음]

わりばし 나무젓가락
와 리 바 시

を ~을,를(조사)
오

うんこ 똥, 대변
응 - 코

:: **연습** 일본문자는 가로획부터 쓰는 것이 원칙입니다.

わ	わ					
を	を					
ん	ん					

 濁音(탁음)

청음인 「か·さ·た·は행」에 탁음 기호 점점(゛)이 붙어서 탁한 소리, 즉 유성음을 내는 글자를 말해요.

が행

「か행」에 점점(゛)이 붙으면, 영어 「g」 발음에 가까워져요. 또 「が행」이 어두에 올 때는 기본적으로 「ga·gi·gu·ge·go」로 발음하지만, 뒤쪽에 위치할 경우에는 「ga·gi·gu·ge·go」로 발음하는 경우와, 비음(콧소리)를 내서 「ŋa·ŋi·ŋu·ŋe·ŋo」로 발음하는 경우가 있다는 점에 유의하세요.

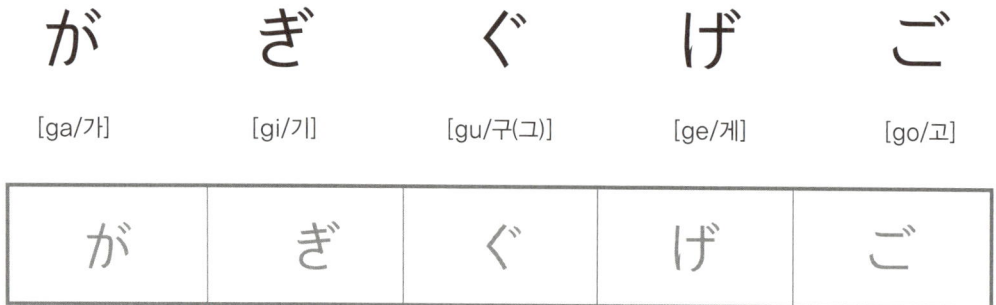

が	ぎ	ぐ	げ	ご
[ga/가]	[gi/기]	[gu/구(그)]	[ge/게]	[go/고]
が	ぎ	ぐ	げ	ご

ざ행

「さ행」에 점점(゛)이 붙으면, 「ざ」가 되는데, 이 발음들은 우리말에는 없는 것으로 영어의 「z」 발음에 가까워요. 「za·ji·zu·ze·zo」로 발음해요.

ざ	じ	ず	ぜ	ぞ
[za/자]	[ji/지]	[zu/주(즈)]	[ze/제]	[zo/조]
ざ	じ	ず	ぜ	ぞ

「た행」에 점점(゙)이 붙으면, 영어 「d」 발음과 가까워져요. 하지만, 「ち·づ」는 ざ행의 「じ·ず」와 거의 비슷한 발음이 나기 때문에 최근에는 특별한 경우가 아니면 거의 사용되지 않는답니다. 「da·gi·zu·de·do」로 발음해요.

だ	じ	づ	で	ど
[da/다]	[ji/지]	[zu/주(즈)]	[de/데]	[do/도]
だ	じ	づ	で	ど

「は행」에 점점(゙)이 붙으면, 영어 「b」 발음에 가까워져요. 「ba· bi· bu· be· bo」로 발음해요.

ば	び	ぶ	べ	ぼ
[ba/바]	[bi/비]	[bu/부(브)]	[be/베]	[bo/보]
だ	じ	づ	で	ど

半濁音(반탁음)

청음인 「は행」에 반탁음 기호 동그라미(゚)가 붙어서 좀 덜 탁한 소리를 내는 글자를 말해요.

ぱ행

「は행」에 동그라미(°)가 붙으면, 영어 「p」 발음에 가까워져요. 기본적으로 「pa · pi · pu · pe · po」로 발음하지만, 어두에 위치할 경우에는 우리말 「ㅃ」에 가깝게 「빠 · 삐 · 뿌 · 뻬 · 뽀」로 발음하기도 해요.

ぱ	ぴ	ぷ	ぺ	ぽ
[pa/파 · 빠]	[pi/피 · 삐]	[pu/푸 · 뿌]	[pe/페 · 뻬]	[po/포 · 뽀]

ぱ	ぴ	ぷ	ぺ	ぽ

搖音(요음)

각 단의 「イ(이)행」, 즉 「き · ぎ · し · じ · ち · ぢ · に · ひ · び · ぴ · み · り」 뒤에 반모음「や · ゆ · よ」를 작게 써서 나타내며, 하나의 음으로 해요.

きゃ	きゅ	きょ	ぎゃ	ぎゅ	ぎょ
[kya/캬]	[kyu/큐]	[kyo/쿄]	[gya/갸]	[gyu/규]	[gyo/교]
しゃ	しゅ	しょ	じゃ	じゅ	じょ
[sha/샤]	[shu/슈]	[sho/쇼]	[zya/쟈]	[zyu/쥬]	[zyo/죠]
ちゃ	ちゅ	ちょ	ぢゃ	ぢゅ	ぢょ
[cha/챠 · 쨔]	[chu/츄 · 쮸]	[cho/쵸 · 쪼]	[zya/쟈]	[zyu/쥬]	[zyo/죠]
にゃ	にゅ	にょ			
[nya/냐]	[nyu/뉴]	[nyo/뇨]			
ひゃ	ひゅ	ひょ	びゃ	びゅ	びょ
[hya/햐]	[hyu/휴]	[hyo/효]	[bya/뱌]	[byu/뷰]	[byo/뵤]

みゃ	みゅ	みょ	ぴゃ	ぴゅ	ぴょ
[mya/먀]	[myu/뮤]	[myo/묘]	[pya/퍄·뺘]	[pyu/퓨·쀼]	[pyo/표·뾰]

りゃ	りゅ	りょ
[rya/랴]	[ryu/류]	[ryo/료]

長音(장음)

일본어의 모음인 「あ·い·う·え·お」단 뒤에 모음이 중복될 때는 뒤에 오는 모음의 소리는 생략하고, 앞에 오는 모음의 소리를 길게 발음해요.

음 구성	예	발음
あ단 + 모음 あ	おかあさん(어머니)	오카-상-
い단 + 모음 い	おにいさん(오빠,형)	오니-상-
う단 + 모음 う	くうこう(공항)	쿠-코-
え단 + 모음 え / 모음 い	おねえさん(언니,누나)	오네-상-
お단 + 모음 お / 모음 う	おとうさん(아버지)	오토-상-

促音(촉음)

자음 「つ」를 작게 써서, 「っ」로 표기해요. 이는 받침 구실을 하는데, 뒤에 오는 글자에 따라 우리말 「ㄱ·ㅅ·ㄷ·ㅂ」로 소리 나며, 요음과 마찬가지로 한 음으로 발음해요.

구성	예	발음
「っ」+ か행 → 「ㄱ」받침소리	ばっきん(벌금)	박(-)킹(-)
「っ」+ さ행 → 「ㅅ」받침소리	さっそく(바로)	삿(-)소쿠
「っ」+ た행 → 「ㄷ」받침소리	きって(우표)	긷테
「っ」+ ぱ행 → 「ㅂ」받침소리	いっぱい(가득, 한 잔)	입(-)파이

撥音(발음)

발음 「ん」은 뒤에 오는 글자에 따라 발음에 영향을 받으며, 각기 「ㅁ·ㄴ·ㅇ·ㄴ+ㅇ」 소리가 나요. 한 음절로 발음하는 것이 원칙이지만 '박', 즉 음 길이를 충분히 끌어서 발음해야 합니다.

구성	예	발음
「ん」+ま·ば·ぱ행 → 「m/ㅁ」	ぶんめい(문명)	붐─메─
「ん」+さ·ざ·た·だ·な·ら행 → 「n/ㄴ」	ぎんざ(긴자 : 지명이름)	긴─자
「ん」+か·が행 → 「ng/ㅇ」	ぶんか(문화)	붕─카
「ん」+あ·は·や·わ행, 끝음일 경우 → 「ㄴ+ㅇ」	ほん(책)	홍─

세번째 못된 몸매의 소유자, 「가타카나」 なるほど!!!

가타카나는 착한 몸매의 「히라가나」와 달리, 인기가 적기 때문에 많이 사용되지 않아요. 외래어 표기, 의성어, 의태어, 전보문, 동식물 이름, 전문용어, 강조어구 등 특별한 경우에만 사용한답니다. 때문에 순서대로 외우려고 하면 잘 외워지지 않을 뿐만 아니라, 일본어 학습 의욕까지 저하시키고 만답니다. 가타카나를 암기할 때는 자주 사용되는 외래어들을 이용해서 글자와 어휘를 함께 익히는 방법이 가장 효율적이에요.

※ 가타카나 표

	A행	Ka행	Sa행	Ta행	Na행	Ha행	Ma행	Ya행	Ra행	Wa행
A단	ア	カ	サ	タ	ナ	ハ	マ	ヤ	ラ	ワ
I단	イ	キ	シ	チ	ニ	ヒ	ミ		リ	
U단	ウ	ク	ス	ツ	ヌ	フ	ム	ユ	ル	
E단	エ	ケ	セ	テ	ネ	ヘ	メ		レ	
O단	オ	コ	ソ	ト	ノ	ホ	モ	ヨ	ロ	ヲ

A단 Wa행: ン

※ 자주 사용되는 가타카나 단어들

음식				
가타 가나	アイスクリーム 아 이 스 크 리 − 무	ケーキ 케 − 키	チョコレート 쵸 코 레 − 토	スパゲッティ 스 파 겟 − 티
연습	アイスクリーム	ケーキ	チョコレート	スパゲッティ

음료				
가타 가나	ミルク 미 루 크	コーヒー 코 − 히 −	ジュース 쥬 − 스	ビール 비 − 루
연습	ミルク	コーヒー	ジュース	ビール

과일				
가타가나	バナナ 바나나	トマト 토마토	マンゴ 망고	オレンジ 오렌지
연습	バナナ	トマト	マンゴ	オレンジ

운동경기				
가타가나	サッカー 삭카-	テニス 테니스	バスケットボール 바스겓-토보-루	バレーボール 비레-보-루
연습	サッカー	テニス	バスケットボール	バレーボール

가전				
가타 가나	テレビ 테 레 비	ラジオ 라 지 오	ノートパソコン 노 - 토 파 소 콘	ケータイ 케 - 타 이
연습	テレビ	ラジオ	ノートパソコン	ケータイ

가구				
가타 가나	ベット 벳 - 토	ソファー 소 파 -	テーブル 테 - 브 루	カーテン 카 - 텡-
연습	ベット	ソファー	テーブル	カーテン

건물				
가타 가나	デパート 데 파 토	ビル 비 루	レストラン 레 스 토 랑-	ホテル 호 테 루
연습	デパート	ビル	レストラン	ホテル

네 번째   로미오「です家」와 줄리엣「ます家」   なるほど!!!

　일본어를 학습하는 분들이 가장 많이 고민하는 부분이 문장 끝에 「です」를 써야 하는가, 「ます」를 써야 하는가가 아닐까 싶어요. 이 부분은 일본어 학습의 기초이자, 가장 큰 골격이라고 할 수 있는데요, 대부분은 중요하지 않게 생각해 그냥 지나쳐 버리곤 하지요. 그래서 이 장에서는 본격적인 일본어 학습에 들어가기에 앞서 일본어의 각 품사가 속한 가문을 정확히 이해하도록 할 거예요.

　혹시 '로미오와 줄리엣'이란 영화를 본 적 있으세요? 이 두 가문은 오랜 원한 관계로 엮어진 '견원지간', 물과 기름 같은 사이라고 할 수 있어요. 따라서 함께 어울려 다니는 일이란 거의 없지요.

　이처럼 일본어에도 완벽하게 따로 노는 두 집안이 있는데요, 「です家」와 「ます家」가 그들이에요. 두 집안을 좀 더 자세히 살펴보면, 먼저 「です家」에는 서로 닮았으면서도 각기 다른 개성을 지닌 아들 삼형제인 イ(い)형용사, ナ(な)형용사, 명사가 있어요. 그리고 「ます家」에는 팔방미인 외동딸인 동사가 있지요. 즉, 원칙적으로 イ(い)형용사, ナ(な)형용사, 명사 뒤에는 항상 「です」가 와야 하고, 동사 뒤에는 「**ます**」가 따라다녀야 한다는 의미예요.

　원래 「**です**」와 「**ます**」의 문법적 명칭은 '정중체'라고 하는데요, 우리말로는 둘 다 '~합니다'로 해석돼요. 즉, 「**です**」와 「**ます**」는 '~이다' 형태의 서술형 문장을 좀 더 공손한 형태인 정중체 문장으로 바꾸어 주는 구실을 한다고 보면 돼요.

Key Point 01

です家	ます家
명사 イ(い)형용사　+　**です** ナ(な)형용사	동사 + **ます**

● 한국인입니다　　かんこくじん**です**。
　　　　　　　　　　　　명사

● 맛있습니다　　おいしい**です**。
　　　　　　　　イ(い)형용사

● 예쁩니다　　きれい**です**。
　　　　　　　ナ형용사

● 먹습니다　　たべ**ます**。
　　　　　　　동사

● 마십니다　　のみ**ます**。
　　　　　　　동사

● 놉니다　　あそび**ます**。
　　　　　　동사

　단, 동사는 여자이기 때문에 「**です**家」로 시집 가면 「**ます**」 대신 「**です**」라는 새로운 성을 얻을 수 있어요. 하지만 지체 높은 집안에서 곱디 고운 딸을 시집 보낼 때 혼자 보낼 리가 있나요, 「**ん**」이라는 몸종을 하나 딸려 보낸답니다. 이 부분이 포인트인데요, 동사 아기씨는 「**ん**」 없이는 절대 「**です**」와 접속할 수 없어요. 즉, 동사가 「**です**」와 접속하기 위해서는 반드시 「**ん**」이 필요하답니다~!!!

Key Point 02

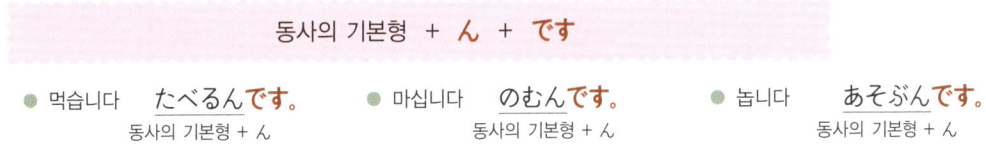

동사의 기본형 + **ん** + **です**

● 먹습니다　たべる**ん**です。
　　　　　　동사의 기본형 + ん

● 마십니다　のむ**ん**です。
　　　　　　동사의 기본형 + ん

● 놉니다　あそぶ**ん**です。
　　　　　동사의 기본형 + ん

　자, 여기까지 이해되었다면, 이제부터 본격적인 일본어 학습을 시작하기로 해요.

です집안의 막내, 명사 꼬시기

명사라는 품사는 의미상 존재(entity)를 가리키는 단어 부류를 말해요. 일본어를 학습하면서 명사라는 품사에 대해 꼭 기억해야 할 것은, 일본어 명사는 우리말과 달리 명사와 명사 사이에 「~의, ~인」이라는 뜻의 「の(no)」가 반드시 필요하다는 점이에요. 참고로, 이 점을 제외하면 일본어의 명사는 ナ형용사와 거의 동일하게 활용한다는 것도 기억해 두세요.

独学で学ぶ
日本語会話の第一歩

です 집안의 막내, 명사 꼬시기

✏️ 명사의 생김새

- **かんこく** 한국
  캉 - 코 쿠
- **にほん** 일본
  니 홍 -
- **ふじさん** 후지산
  후 지 산 -
- **わたし** 나/저
  와 타 시
- **あなた** 당신
  아 나 타

- **いしゃ** 의사
  이 샤
- **せんせい** 선생님
  센 - 세 -
- **りんご** 사과
  링 - 고
- **いちご** 딸기
  이 찌 고
- **かばん** 가방
  카 방 -

- **えんぴつ** 연필
  엔 - 삐 쯔
- **うみ** 바다
  우 미
- **やま** 산
  야 마
- **えき** 역
  에 키
- **かいしゃ** 회사
  카 이 샤

🖍️ 명사의 급소

01 명사입니다 　　　　명사です

02 명사가 아닙니다 　　명사じゃありません
　　　　　　　　　　명사じゃないです

03 명사의(인) 명사 　　명사の명사
　 명사의 것입니다 　　명사のです

04 명사는 의문사입니까? 　명사は 의문사ですか
　 이/그/저/어느 곳 　　こ/そ/あ/ど ちら
　 숫자 읽기

06 시제 명사 　　　　　　명사でした /
　 명사였습니다 　　　　　명사だったです

07 시간 명사
　 명사에서 명사까지 　　　명사から 명사まで
　 명사가 아니었습니다 　　명사じゃありませんでした /
　　　　　　　　　　　　　명사じゃなかったです

Unit 01

처음뵙겠습니다. 유키라고 해요

 회화 맛보기

인성 はじめまして。わたしは インソンです。
　　하 지 메 마 시 테　　와 타 시 와　　인 성 데 스

유키 はじめまして。わたしは ゆきです。
　　하 지 메 마 시 테　　와 타 시 와　유 키 데 스

인성 ゆきさんは にほんじんですか。
　　유 키 상 – 와 니 혼 – 징 – 데 스 까

유키 はい、わたしは にほんじんです。
　　하 이　　와 타 시 와 니 혼 – 징 – 데 스

인성 そうですか。
　　소 – 데 스 까

　　どうぞ、よろしく おねがいします。
　　도 – 죠　　요 로 시 쿠　오 네 가 이 시 마 스

유키 こちらこそ、よろしく おねがいします。
　　코 찌 라 코 소　　요 로 시 쿠　오 네 가 이 시 마 스

인성 처음 뵙겠습니다.
저는 인성이라고 합니다.

유키 처음 뵙겠습니다.
저는 유키라고 합니다.

인성 유키 씨는 일본인인가요?

유키 네, 저는 일본인입니다.

인성 그러세요. 잘 부탁드립니다.

유키 저야말로 잘 부탁드립니다.

なるほど~!!!

일본어의 2인칭 대명사 「あなた」는 상대방의 이름을 모를 때 어쩔 수 없이 사용하게 되는 표현이에요. 따라서 상대방과 통성명을 한 뒤에는 「あなた」보다 상대방의 성(성씨)을 불러주는 것이 바람직해요.

 기본 단어 익히기

• わたし 나, 저 와타시	• あなた 당신 아나타	• かれ 그 카레	• かのじょ 그녀 카노죠
• だれ 누구 다레	• がくせい 학생 각-ㅋ세-	• かいしゃいん 회사원 카이샤인-	• せんせい 선생님 센-세-
• どなた 어느 분 도나타	• かんこくじん 한국인 캉-코쿠징-	• にほんじん 일본인 니혼-징-	• ちゅうごくじん 중국인 츄-고쿠징-
• アメリカじん 미국인 아메리카징-	• イギリスじん 영국인 이기리스징-	• ～は ～은, 는 ～와	• ～か ～까?(의문의 종조사) ～까

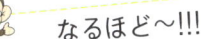

「なるほど〜!!!」는 '그렇구나〜!!!' 라는 뜻으로 일본에서 많이 쓰이 는 표현이랍니다.

  회화 표현 익히기

1. 명사입니다.

한국인입니다.	**かんこくじん**です。
	캉-코쿠징-데스

그렇구나!

국적을 말할 때는 나라이름 뒤에 「人(じん/징-)」을 붙이면 돼요. 예를 들어 프랑스인이라면 「フランスじん(후랑스징-)」 이런 식으로 말이죠.

일본인입니다	にほんじんです。
미국인입니다.	アメリカじんです。

2. 명사는(은) 명사입니다.

나는 중국인입니다.	**わたしは ちゅうごくじん**です。
	와타시와 츄-고쿠징-데스

그렇구나!

「は」의 원래 발음은 「ha(하)」이지만, 「〜은/〜는」이라는 의미의 조사로 쓰일 때는 「wa(와)」로 발음해요.

나는 김(성씨)입니다.	わたしは キムです。
그는 회사원입니다.	かれは かいしゃいんです。

3. 명사는(은) 명사입니까?

Mr.김은 한국인입니까?	**キムさんは かんこくじん**ですか。
	키무상-와 캉-코쿠징-데스까

그렇구나!

「せんせい」는 「센-세이」가 아니라 「센-세-」로 발음해요.

그는 선생님입니까?	かれは せんせいですか。
유키 씨는 어느 분입니까?	ゆきさんは どなたですか。

4. 명사1입니까? 그렇지 않으면 명사2입니까?

중국인입니까? 아니면 한국인입니까?	**ちゅうごくじん**ですか 츄-고쿠징-데스까 **それとも かんこくじん**ですか。 소레토모 캉-코쿠징-데스까

그렇구나!

「がくせい(학생)」는 「각(-ㅋ)세-」에 가깝게 발음해야 해요.

그는 학생입니까?	がくせいですか、
아니면 선생님입니까?	それとも せんせいですか。

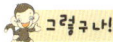 유키의 어드바이스   무성화 법칙

「がくせい(학생)」의 발음을 그대로 표기하면 「가쿠세이」가 되지만, 일본어에서는 무성자음(か・さ・た・は・ぱ)과 무성자음 사이에 놓인 「い(이)」나 「う(우)」는 무성음화하기로 やくそく(약-ㅋ소쿠 : 약속) 하고 있어요. 즉, 「がくせい(학생)」라는 단어는 「가쿠세-」가 아니라 「각(-ㅋ)세-」에 가깝게 발음을 해야 하지요. 그렇다고 아예 묵음화한다는 것은 아니므로 약하게 「ㅋ」 소리를 낸다는 기분으로 발음해야 해요.

예 たくさん〉탁(-ㅋ)상-(많이)「おくさん」옥(-ㅋ)상(부인)「おきゃくさま」오캭(-ㅋ)사마(손님)」

5. 네, 명사1는(은) 명사2입니다.

네, 저는 영국인입니다.	**はい、わたしは イギリスじんです。** 하 이　와타시와　이기리스징－데스
네, 저는 학생입니다.	はい、わたしは がくせいです。
네, 그는 선생님입니다.	はい、かれは せんせいです。

 실력 굳히기

아래의 문장들을 일본어로 바꾸어 보세요.

●●● 일단 입으로 소리 내서 발음해 본 다음, 자신의 발음을 히라가나로 적으세요.

1 처음 뵙겠습니다.

_____

2 당신은 일본인입니까?

_____

3 잘 부탁드립니다.

_____

4 그녀는 선생님입니까?

_____

5 유키 선생님은 어느 분입니까?

_____

6 네, 저는 중국인입니다.

_____

정답 1 はじめまして。　　　　2 あなたは にほんじんですか。　　　3 よろしく おねがいします。
　　　4 かのじょは せんせいですか。　5 ゆき せんせいは どなたですか。　6 はい、わたしは ちゅうごくじんです。

学 生	学 生
がく せい 배울 학　날 생 학생	

先 生	先 生
せん せい 먼저 선　날 생 선생	

日 本	日 本
に ほん 날 일　밑 본 일본	

中 国	中 国
ちゅう ごく 가운데 중　나라 국 중국	

会 社 員	会 社 員
かい しゃ いん 모일 회　모일 사　수효 원 회사원	

韓 国	韓 国
かん こく 한국 한　나라 국 한국	

彼	彼
かれ 저 피 그(3인칭)	

人	人
じん 사람 인 ~사람(국적)	

Unit 02 아니요, 저는 학생이 아니에요

 회화 맛보기

인성 ユキさんは がくせいですか。
유키상-와 각-ㅋ세-데스까

유키 いいえ、わたしは がくせいじゃありません。
이-에 와타시와 각-ㅋ세- 쟈아리마셍-

인성 じゃ、かいしゃいんですか。
쟈 카이샤인-데스까

유키 いいえ
이-에
わたしは かいしゃいんじゃありません。
와타시와 카이샤인- 쟈아리마셍-
わたしは せんせいです。
와타시와 센-세-데스

인성 あ、そうですか。
아 소-데스까

유키 ええ、そうです。
에- 소-데스

인성 유키 씨는 학생입니까?
유키 아니요, 저는 학생이 아니에요.
인성 그럼 회사원이세요?
유키 아니요, 저는 회사원이 아닙니다.
저는 선생님입니다.
인성 아, 그렇습니까.
유키 네, 그렇습니다.

なるほど~!!!

「じゃ」는 명사나 ナ형용사 뒤에 붙으면 부정의 의미를 나타내지만, 문장 시작 부분에 오면 「그럼」이라는 뜻이 돼요. 「ええ」는 「はい」보다 가벼운 표현인데요, 공식적인 자리가 아닌 일상회화에서 많이 사용돼요.

 기본 단어 익히기

• いいえ 아니요 이-에	• がくせい 학생 각-ㅋ세-	• かいしゃいん 회사원 카이 샤 인-	• ぎんこういん 은행원 깅-코-인-
• いしゃ 의사 이 샤	• かんごし 간호사 칸-고시	• エンジニア 엔지니어 엔-지니아	• デザイナー 디자이너 데 자 이 나-
• サラリーマン 샐러리맨 사라리-망-	• せんぎょうしゅふ 전업주부 센-교-슈후	• じゃ 그럼 쟈	• フリーター 프리랜서 후리-타-
• しょうがくせい 초등학생 쇼-각-ㅋ세-	• ちゅうがくせい 중학생 츄-각-ㅋ세-	• こうこうせい 고등학생 코-코-세-	• だいがくせい 대학생 다이 각-ㅋ세-

 호1호나 표현 익히기

1. 명사가 아니에요.(보통체)

선생님이 아니에요.	**せんせいじゃないです。** 센 ― 세 ― 쟈 나 이 데 스

의사가 아니에요.　いしゃじゃないです。

디자이너가 아니에요.　デザイナーじゃないです。

2. 명사가 아닙니다.(정중체)

학생이 아닙니다.	**がくせいじゃありません。** 각 ― ㅋ세 ― 쟈 아 리 마 셍 ―

초등학생이 아닙니다.　しょうがくせいじゃありません。

대학생이 아닙니다.　だいがくせいじゃありません。

> **그렇구나!**
> 「～ないです」와「～ありません」은 모두「～(가) 아닙니다」라는 뜻이에요. 서로 호환해서 사용할 수 있어요.

3. 명사1은(는) 명사가 아닙니다.

저는 일본인이 아닙니다.	**わたしは にほんじんじゃありません。** 와 타 시 와 니 혼 ― 징 ― 쟈 아 리 마 셍 ―

그는 엔지니어가 아닙니다.　かれは エンジニアじゃありません。

그녀는 프리랜서가 아닙니다.　かのじょは フリーターじゃありません。

> **그렇구나!**
> 「フリーター」는 '자유롭다'는 영어 '프리(free)'와 '근로자'를 뜻하는 독일어 '아르바이터(arbeiter)'를 합성한 일본식 조어인데요, 일정한 직업을 가지지 않고 아르바이트로 생계를 유지하는 사람들을 뜻해요.

4. 명사가 아니세요?

학생이 아니세요?	**がくせいじゃないですか。** 각 ― ㅋ세 ― 쟈 나 이 데 스 까

회사원이 아니세요?　かいしゃいんじゃないですか。

한국인이 아니세요?　かんこくじんじゃないですか。

5. 아니요, 명사1이 아니에요. 명사2입니다.

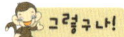

그렇구나!

「ないです」가 회화체 문장이라면, 「ありません」은 좀 더 공손한 표현, 즉 정중체 정도로 이해하면 돼요.

아니요, 디자이너가 아니에요.
엔지니어에요.

いいえ、デザイナーじゃないです。
이 - 에 데 자 이 나 - 쟈 나 이 데 스
エンジニアです。
엔 - 지 니 아 데 스

아니요, 의사가 아니에요.
간호사예요.

いいえ、いしゃじゃないです。
かんごしです。

아니요, 고등학생이 아니에요.
대학생이에요.

いいえ、こうこうせいじゃないです。
だいがくせいです。

실력 굳히기

아래의 문장들을 일본어로 바꾸어 보세요.

●●● 일단 입으로 소리 내서 발음해 본 다음, 자신의 발음을 히라가나로 적으세요.

1 회사원이 아니에요.

_____

2 그는 엔지니어가 아닙니다.

_____

3 아니요, 저는 일본인이 아닙니다.

_____

4 샐러리맨이 아니세요?

_____

5 아니요, 저는 의사가 아닙니다. 간호사입니다.

_____

정답 1 かいしゃいんじゃないです。 2 かれは エンジニアじゃありません。 3 いいえ、わたしは にほんじんじゃありません。
4 サラリーマンじゃないですか。 5 いいえ、わたしは いしゃじゃありません。かんごしです。

 한자 익히기

医 者 い　しゃ 의원 의　놈 자 의사	医 者	銀 行 員 ぎん　こう　いん 은 은　갈 행　수효 원 은행원	銀 行 員

専 業 主 婦 せん　ぎょう　しゅ　ふ 오로지 전　업 업　주인 주　며느리 부 전업주부	専 業 主 婦

小 学 生 しょう　がく　せい 작을 소　배울 학　날 생 초등학생	小 学 生	中 学 生 ちゅう　がく　せい 가운데 중　배울 학　날 생 중학생	中 学 生

高 校 生 こう　こう　せい 높을 고　학교 교　날 생 고등학생	高 校 生	大 学 生 だい　がく　せい 큰 대　배울 학　날 생 대학생	大 学 生

어떤 과목의 선생님입니까?

 호화 맛보기

인성　なんの　せんせいですか。
　　　난 - 노 센 - 세 - 데스 까

유키　にほんごの　せんせいです。
　　　니 홍 - 고 노 센 - 세 - 데스
　　　インソンさんの　おしごとは　なんですか。
　　　인 성 상 - 노 오시고토와 난 - 데스 까

인성　あ、わたしは　エンジニアです。
　　　아 　와타시와 엔 - 지니아데스

유키　なんの　エンジニアですか。
　　　난 - 노 엔 - 지니아데스 까

인성　コンピュ-タ-の　エンジニアです。
　　　콤 - 퓨 - 타 - 노 엔 - 지니아데스

유키　あ、コンピュ-タ-ですか。
　　　아 　콤 - 퓨 - 타 - 데스 까

인성　무슨(과목) 선생님입니까?
유키　일본어 선생님이에요.
　　　인성 씨의 직업은 뭐예요?
인성　아, 저는 엔지니어입니다.
유키　무슨 엔지니어세요?
인성　컴퓨터 엔지니어입니다.
유키　아, 컴퓨터요.

なるほど～!!!

유키의 마지막 대사는 질문이 아니라, 내용을 다시 한 번 확인하는 대사니까, 이럴 때는 끝을 내려야 해요.

 기본 단어 익히기

• なんの 무슨 난 - 노	• ～の ~의/~인/~의 것 ～ 노	• (お)しごと 일(직업) (오)시고토	• エンジニア 엔지니어 엔 - 지 니 아
• コンピューター 컴퓨터 콤 - 퓨 - 타 -	• ノートパソコン 노트북 노 - 토 파 소 콘	• くるま 자동차 쿠 루 마	• ほん 책 홍 -
• はなし 이야기 하 나 시	• りゆう 이유 리 유 -	• なまえ 이름 나 마 에	• せんこう 전공 센 - 코 -
• ともだち 친구 토 모 다 찌			

なるほど～!!!

'なるほど～!!!'는 '그렇구나!!!' 라는 뜻으로 일본에서 많이 쓰이는 표현이랍니다.

 회화 표현 익히기

1. 명사의(인) 명사

나의 일(직업)	**わたしの しごと** 와 타 시 노　시 고 토

> 그렇구나!
>
> 일본어에서는 명사와 명사가 만날 때마다 반드시 「の」를 넣어주어야 해요～!!!

디자이너인 그녀	デザイナーの かのじょ
일본어 선생님인 유키 씨	にほんごの せんせいの ユキさん

2. 명사의 것이에요.

제 것이에요.	**わたし のです。** 와 타 시　노 데 스

> 그렇구나!
>
> 「～の」는 크게 세 가지 역할을 해요.
> ① 소유 : ～의
> ② 동격 (1번 예문 참조)
> ③ 소유물 : ～의 것

유키 씨의 것이에요.	ユキさん のです。
제 친구의 것이에요.	わたしの ともだち のです。

3. 명사의 것이 아니에요.

제 것이 아니에요.	**わたし のじゃありません。** 와 타 시　노　쟈 아 리 마 셍 -

인성 씨 것이 아니에요.	インソンさん のじゃありません。
제 친구 것이 아니에요.	わたしの ともだち のじゃありません。

4. 명사1의 명사2입니까?

당신의 차입니까?	**あなたの くるまですか。** 아 나 타 노　쿠 루 마 데 스 까

> 그렇구나!
>
> 「누구의 것」이라고 할 때는 「だれの の」가 아니라 그냥 「だれの」라고 표현해요.

그녀의 책입니까?	かのじょの ほんですか。
누구의 것입니까?	だれ のですか。

5. 무슨 명사입니까?

무슨 선생님입니까?	**なんの せんせいですか。** 난 - 노 센 - 세 - 데 스 까

> 그렇구나!
>
> 「무슨 요일」이라고 할 때는 「なんの ようび」가 아니라 그냥 「なんようび」라고 표현해요.

무슨 이유입니까?	なんの りゆうですか。
무슨 책입니까?	なんの ほんですか。

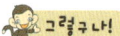 그렇구나!

남의 직업은 「おしごと」, 자신의 직업은 「しごと」라고 표현해야 해요.

6. 명사는(은) 무엇입니까?

직업은 뭐예요?	おしごとは なんですか。 오 시 고 토 와 난 – 데 스 까
전공은 뭐예요?	せんこうは なんですか。
회사이름은 뭐예요?	かいしゃの なまえは なんですか。

 실력 굳히기

아래의 문장들을 일본어로 바꾸어 보세요.

●●● 일단 입으로 소리 내서 발음해 본 다음, 자신의 발음을 히라가나로 적으세요.

1 나의 직업

_____

2 제 것이에요.

_____

3 제 친구 것이 아니에요.

_____

4 누구의 노트북입니까?

_____

5 직업은 뭐예요?

_____

6 전공은 뭐예요?

_____

정답 1 わたしの しごと   2 わたし のです。   3 わたしの ともだち のじゃありません。
      4 だれの ノートパソコンですか。 5 おしごとは なんですか。   6 せんこうは なんですか。

仕事
し ごと
仕 事
섬길 사   일 사
일·업무

仕 事

車
くるま
車
수레 차
자동차

車

話
はなし
말할 화
이야기

話

理由
リ ゆう
理 由
다스릴 리   말미암을 유
이유

理 由

名前
な まえ
名 前
이름 명   앞 전
이름

名 前

友達
とも だち
友 達
벗 우   통달할 달
친구

友 達

本
ほん
밑 본
책

本

専攻
せん こう
専 攻
오로지 전   칠 공
전공

専 攻

Unit 04

유키 씨의 집은 어느 방향입니까?

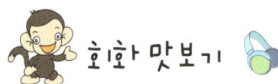 회화 맛보기

인성　ゆきさんの おたくは どちらですか。
　　　유 키 상 - 노 오 타 쿠 와 도 찌 라 데 스 까

유키　ホンジェドンです。インソンさんは。
　　　홍 제 동 데 스 　 인 성 상 - 와

인성　ぼくの いえは ソチョドンです。
　　　보 쿠 노 이 에 와 서 초 동 데 스
　　　おくには どこですか。
　　　오 쿠 니 와 도 코 데 스 까

유키　とうきょうです。
　　　토 - 쿄 - 데 스
　　　インソンさんの おくには。
　　　인 성 상 - 노 오 쿠 니 와

인성　ぼくは ソウルうまれです。
　　　보 쿠 와 소 우 루 우 마 레 데 스

인성　유키 씨의 댁은 어디십니까?
유키　홍제동입니다. 인성 씨는요?
인성　저의 집은 서초동입니다. 고향은 어디
　　　입니까?
유키　동경입니다. 인성 씨의 고향은요?
인성　저는 서울에서 태어났습니다.

なるほど~!!!

「くに(나라)」라는 표현은 원래 국적을 의미하
지만, 서로의 국적을 아는 상황이라면 고향
을 뜻해요. 단, 상대의 고향을 물을 때는 「お
くに」로, 나의 고향을 말할 때는 그냥 「くに」
라고 표현해요.

 기본 단어 익히기

ぼく 나(남성 1인칭 대명사) 보쿠	**おたく** 댁 오타쿠	**どちら** 어느 쪽, 어디 도찌라	**どこの** 어디 도코노
~うまれ ~태생 ~우마레	**~しゅっしん** ~출신 ~슛신	**なん~** 몇~ 난 -	**ねんせい** ~학년 넨-세-
ケータイ 휴대전화(번호) 케-타이	**~ばん** 번 ~방-	**~かい** ~층 ~카이	**~まい** ~장 ~마이
(お)トイレ 화장실 (오)토이레	**かいぎしつ** 회의실 카이기시쯔	**せき** 좌석 세키	**명사+が** ~이,~가 가

46

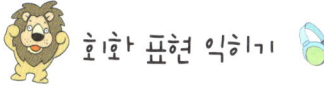 회화 표현 익히기

1. 명사는(은) 의문사입니까?

댁은 어디십니까?	**おたくは どちらですか。** 오 타 쿠 와 도 찌 라 데 스 까

그녀는 어디 태생입니까?　かのじょは どこの うまれですか。

유키 씨는 어디 출신입니까?　ユキさんは どこの しゅっしんですか。

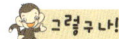 그렇구나!

「おたく」는 우리말로 「댁」이라는 표현이기 때문에 자신의 집을 말할 때는 사용하지 않아요. 자신의 집을 말할 때는 「いえ・うち」라는 표현을 사용해요.

2. 명사는 장소명사출신입니다.

저는 서울에서 태어났습니다.	**わたしは ソウル うまれです。** 와 타 시 와 소 우 루 우 마 레 데 스

그는 동경에서 태어났습니다.　かれは とうきょう うまれです。

그녀는 동경대학 출신입니다.　かのじょは とうきょうだいがく しゅっしんです。

그렇구나!

「うまれ(태생)」는 동사 「うまれる(태어나다)」라는 동사에서 파생된 명사로, 「～태생」이라는 뜻이에요.

3. 몇 단위(수사)입니까?

몇 학년입니까?	**なんねんせいですか。** 난 - 넨 - 세 - 데 스 까

몇 층입니까?　なんかいですか。

몇 번입니까?　なんばんですか。

그렇구나!

단위 앞에 「なん」을 붙이면 「몇～」이라는 표현이 돼요.

4. 명사는 단위(수사)입니다.

저는 대학교 1학년입니다.	**わたしは だいがく いちねんせいです。** 와 타 시 와 다 이 가 쿠 이 찌 넨 - 세 - 데 스

제 휴대전화(번호)는 012-345-6789입니다.　わたしの ケータイは・ゼロ・いち・にの さん・よん・ごの ろく・なな・はち・きゅうです。

전부 8장입니다.　ぜんぶで はちまいです。

그렇구나!

일본에서는 전화번호에 들어가는 숫자 「0」은 「ゼロ」, 「4」는 「よん」이라고 하는 것이 일반적이에요. 또 전화번호 상의 「-」는 「の」라고 읽어요.

5. 명사는 어느 장소·쪽입니까?

	이(여)	그(거)	저	어디/어느
~기(장소)	ここ	そこ	あそこ	どこ
~쪽(방향)	こちら(こち)	そちら(そち)	あちら(あち)	どちら(どち)

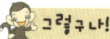

「～こ」는 장소를, 「～ちら」는 물건의 위치뿐 아니라, 그 사람이 어디에 있는지를 물을 때도 사용해요. 「～こ」보다 공손한 말이에요.

댁은 어디세요?

おたくは どちらですか。
오 타쿠 와　도 찌라데스 까

화장실은 어느 쪽입니까?

おトイレは どちらですか。

회사는 어디입니까?
(어느 회사에 다니세요?)

かいしゃは どこですか。

6. 명사는 이/그/저/어느 장소·쪽입니다.

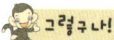

「～ちら」는 방향을 좀 더 정중하게 표현할 때도 사용해요.

화장실은 저쪽입니다.

おトイレは あちらです。
오 토 이 레 와　아 찌 라데스

인성 씨는 저쪽입니다.
(저쪽에 있어요.)

インソンさんは あちらです。

내 자리는 여기입니다.

わたしの せきは ここです。

7. 이/그/저/어느 장소·쪽이 명사입니다.

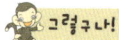

사람을 소개하거나 가리킬 때도 「～ちら」라는 표현을 써요.
「～が」는 우리말 「～이, ～가」의 의미를 갖는 격조사예요.

이쪽이 선생님이신 유키 씨입니다.

こちらが せんせいの ユキさんです。
코 찌라가 센 - 세 - 노 유 키상 - 데 스

그쪽이 제 것입니다.

そちらが わたしのです。

이쪽이 만 엔짜리입니다.

こちらが いちまんえん のです。

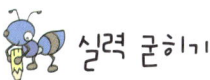 실력 굳히기

아래의 문장들을 일본어로 바꾸어 보세요.

●●● 일단 입으로 소리 내서 발음해 본 다음, 자신의 발음을 히라가나로 적으세요.

1 댁은 어디세요?

_____

2 저의 집은 서초동입니다.

_____

3 고향은 어디입니까?

_____

4 서울 태생입니다.

_____

5 어디 출신이에요?

_____

6 휴대전화 번호는 몇 번입니까?

_____

7 인성 씨는 어디 있나요?

_____

8 이쪽이 유키 선생님이에요.

_____

정답 1 おたくは どちらですか。　　2 わたしの いえは ソチョドンです。　　3 おくには どこですか。
4 ソウルうまれです。　　5 どこの しゅっしんですか。　　6 ケータイは なんばんですか。
7 インソンさんは どこですか。　　8 こちらが ユキせんせいです。

お宅 _{たく} 집 택 댁	お宅

誰 _{だれ} 누구 수 누구	誰

生まれ _う 날 생 태생	生まれ

出　身 _{しゅっ}　_{しん} 날 출　몸 신 출신	出　身

部　屋 _へ　_や 떼 부　집 옥 방	部　屋

全　部 _{ぜん}　_ぶ 오로지 전　떼 부 전부	全　部

年　生 _{ねん}　_{せい} 해 년　날 생 ～학년	年　生

席 _{せき} 자리 석 자리	席

	0	10	100	1000	10000
0	れい・ゼロ 레ー・제로				
1	いち 이찌	じゅう 쥬ー	ひゃく 햐쿠	せん 센ー	いちまん 이찌망ー
2	に 니	にじゅう	にひゃく	にせん	にまん
3	さん 상ー	さんじゅう	さんびゃく 삼-뱌쿠	さんぜん 산-젱ー	さんまん
4	よん・し 욘ー・시	よんじゅう	よんひゃく	よんせん	よんまん
5	ご 고	ごじゅう	ごひゃく	ごせん	ごまん
6	ろく 로쿠	ろくじゅう	ろっぴゃく 롶-빠쿠	ろくせん	ろくまん
7	しち・なな 시찌・나나	ななじゅう	ななひゃく	ななせん	ななまん
8	はち 하찌	はちじゅう	はっぴゃく 핟-빠쿠	はっせん 핟-셍ー	はちまん
9	きゅう 큐ー	きゅうじゅう	きゅうひゃく	きゅうせん	きゅうまん
몇	なん 난ー	なんじゅう	なんびゃく 남-뱌쿠	なんぜん 난-젱ー	なんまん

유키의 어드바이스

일본어의 숫자는 뒤에 붙는 말이 무성자음(성대를 울리지 않고 내는 자음)인가 유성자음(성대를 울리는 자음)인가에 따라 발음이 달라져요. 일본어의 무성자음에는 「か・さ・た・は・ぱ」 5행이 있고, 이들 무성자음 앞에서 변화를 일으키는 숫자에는 「1・3・6・8・10」이 있는데, 이들 중 「3」과 「6」은 때에 따라 발음 변화가 일어나기도, 일어나지 않기도 해요.

너무 어렵다고요? 맞아요. 하지만 걱정할 필요는 없어요. 이 부분은 여러분의 이해를 돕기 위한 문법적 설명일 뿐이니까요. 그냥 '아, 그래서 발음이 변하는구나' 정도로 이해하면 돼요. 단, 유키가 각 숫자 표에 표시해 놓은 파란 숫자는 발음 변화가 일어난다는 우리끼리의 표시이니까, 이 부분에 주의하면서 직접 발음해 보고 암기하는 습관이 필요해요. 그럴 수 있지요?

마지막으로 만 단위에서의 「만」은 우리와 달리 반드시 「いちまん(일만)」이라고 읽는다는 점, 잊으면 안 돼요.

Unit 05 가족은 몇 명입니까?

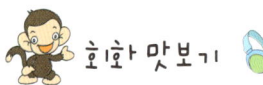

유키 インソンさんの ごかぞくは なんにんですか。
인 성 상 ― 노 고 카 조 쿠 와 난 ― 닝 ― 데 스 까

인성 よにんです。 ちちと ははと いもうとと
요 닝 ― 데 스 치 찌 토 하 하 토 이 모 ― 토 토

わたしの よにん かぞくです。
와 타 시 노 요 닝 ― 카 조 쿠 데 스

유키 この かたが おとうさんですか。
코 노 카 타 가 오 토 ― 상 ― 데 스 까

인성 ええ、 それから、 こっちが いもうとです。
에 ― 소 레 카 라 콧 ― 찌 가 이 모 ― 토 데 스

ユキさんは、 なんにん かぞくですか。
유 키 상 ― 와 난 ― 닝 ― 카 조 쿠 데 스 까

유키 わたしは ははと いもうと ひとりと
와 타 시 와 하 하 토 이 모 ― 토 히 토 리 토

わたしの さんにん かぞくです。
와 타 시 노 산 ― 닝 ― 카 조 쿠 데 스

でも、 いまは ひとりぐらしです。
데 모 이 마 와 히 토 리 구 라 시 데 스

유키 인성 씨의 가족은 몇 명이에요?

인성 네 명입니다. 아빠, 엄마, 여동생, 저 이렇게 4명(가족)입니다.

유키 이 분이 아버지인가요?

인성 네, 그리고 이쪽이 여동생입니다. 유키 씨의 가족은 몇 명입니까?

유키 저는 엄마, 여동생 한 명, 저 이렇게 셋(가족)입니다. 하지만 지금은 혼자 살고 있어요.

なるほど~!!!

일본의 가족 명칭은 우리와 좀 달라요. 자기 가족을 남에게 말할 때는 존칭을 쓰지 않고, 남의 가족을 말할 때만 존칭을 사용하지요. 또 가족 사이에서는 윗사람에게는 존칭을 붙이고 아랫사람에게는 이름만 부르는 것이 일반적이에요.

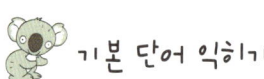

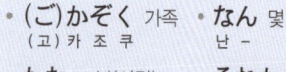

• (ご)かぞく 가족 (고)카 조 쿠	• なん 몇 난 ―	• ~にん ~명 ~ 닝 ―	• しゃしん 사진 샤 신 ―
• かた ~분(사람) 카 타	• それから 그리고 소 레 카 라	• (ご)きょうだい 형제 (고) 쿄 ― 다 이	• でも 하지만 • と ~와 데 모 토
• いま 지금 이 마	• ひとりぐらし 혼자 삶 히 토 리 구 라 시	• おこさん 자녀, 분 오 코 상 ―	• ぜんぶで 전부해서 젬 ― 부 데
• さま ~분(님) 사 마	• ひとりむすめ 외동딸 히 토 리 무 스 메	• ひとりむすこ 외동아들 히 토 리 무 스 코	• ひとりっこ 형제가 없음 히 토 릭 ― 코

숫자 말하기

1명	ひとり 히토리	2명	ふたり 후타리	3명	さんにん 산-닝-
4명	よにん 요닝-	5명	ごにん 고닝-	6명	ろくにん 로쿠닝-
7명	しち(なな)にん 시찌(나나)닝-	8명	はちにん 하찌닝-	9명	きゅうにん 큐-닝-
10명	じゅうにん 쥬-닝-	11명	じゅういちにん 쥬-이찌닝-	몇 명	なんにん 난-닝-

なるほど～!!!

인원을 셀 때는 사람 수 뒤에 「にん」을 붙여요. 파란 글씨가 보이네요. 뭔가 특별하게 발음된다는 우리끼리의 표시였죠? 꼭 따로 숙지해 두세요～!!!

회화 표현 익히기

1. 명사는 몇 명(분)입니까?

가족은 몇 명입니까?	ごかぞくは なんにんですか。 고 카 조 쿠 와 난 - 닝 - 데 스 까

형제는 몇 명입니까?　ごきょうだいは なんにんですか。

전부 몇 명입니까?　ぜんぶで なんにんですか。

> **그렇구나!**
> 「ぜんぶで」는 「합계」의 뜻으로 쓰여요. 인원, 수량, 가격 등을 물을 때 '전부 다 해서'라는 뜻으로 자주 사용되는 표현이에요.

2. 몇 명사입니까?

몇 식구입니까?	なんにん かぞく ですか。 난 - 닝 - 카 조 쿠 데 스 까

몇 형제입니까?　なんにん きょうだいですか。

몇 명이세요?　なんめい さまですか。

> **그렇구나!**
> 이 표현들은 관용적으로 자주 사용되니까, 문장 통째로 암기해 버리세요～!!!

3. (～와 ～의) 단위(수사) 식구(형제)입니다.

세 식구입니다.	さんにん かぞく です。 산 - 닝 - 카 조 쿠 데 스

사형제입니다.　よにん きょうだいです。

아빠와 엄마와 남동생, 저 이렇게 네 식구입니다.　ちちと ははと おとうとと わたしの よにん かぞくです。

> **그렇구나!**
> 동성 형제가 복수일 때는 해당 명칭 뒤에 사람 수를 넣어서 표현하면 돼요.
> 예 「あに さんにん(형(오빠) 세 명), いもうと よにん(여동생 네 명)」

4. 혼자(가족 관계)입니다.

형제가 없습니다.	**ひとりっこです。** 히 토 릭 - 코 데스
외동딸입니다.	ひとりむすめです。
외동아들입니다.	ひとりむすこです。
혼자 삽니다.	ひとりぐらしです。

5. 이/그/저/어느 것은 무엇입니까?
   이/그/저/어느 것은 명사입니다.

	이	그	저	어느
~ 명사	これ 코레	それ 소레	あれ 아레	どれ 도레
~ 것	この 코노	その 소노	あの 아노	どの 도노

그렇구나!

원칙적으로 일본의 지시대명사는
「こ」로 물으면 「そ」로 대답하고,
「あ」로 물으면 「あ」로 대답해요.
「이/그/저/어느」는 고/소/아(하)/
다〜」이렇게 암기해 두세요.

이것은 무엇입니까? 그것은 일본어 책입니다.	**これは なんですか。** 코 레 와 난 - 데 스 까 **それは にほんごの ほんです。** 소 레 와 니 홍 - 고노 홍 - 데스
그것은 무엇입니까?	それは なんですか。
이것은 내 여자친구의 사진입니다.	これは わたしの かのじょの しゃしんです。
저것은 무엇입니까?	あれは なんですか。
저것은 학교입니다.	あれは がっこうです。

그렇구나!

3, 4번의 예문처럼 「〜의 것」이라
고 할 때는 따로 「소유격 の」를 붙
이지 않는다는 점에 유의하세요.

6. 이/그/저/어느 명사는 〜의 명사입니까?

이 사람은 누구의 친구입니까?	**この ひとは だれの ともだちですか。** 코 노 히토와 다 레노 토모다찌데스 까
그 책은 당신의 책입니까?	その ほんは あなたの ほんですか。
저 휴대전화는 누구의 것입니까?	あの ケータイは だれの ですか。

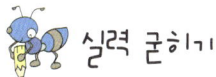 실력 굳히기

아래의 문장들을 일본어로 바꾸어 보세요.

●●● 일단 입으로 소리 내서 발음해 본 다음, 자신의 발음을 히라가나로 적으세요.

1 가족은 몇 명입니까?

_____

2 아빠와 엄마와 저, 세 식구입니다.

_____

3 몇 형제입니까?

_____

4 저는 외동딸입니다.

_____

5 저는 혼자 삽니다.

_____

6 이 사람은 누구입니까?

_____

7 이것은 무엇입니까?

_____

8 그것은 저의 가족사진입니다.

_____

정답 1 ごかぞくは なんにんですか。   2 ちちと ははと わたしの さんにん かぞくです。
3 なんにん きょうだいですか。   4 わたしは ひとりむすめです。   5 わたしは ひとりぐらしです。
6 この ひとは だれですか。   7 これは なんですか。   8 それは わたしの かぞくの しゃしんです。

か ぞく **家 族** 집 가 겨레 족 가족	家 族

しゃ しん **写 真** 베낄 사 참 진 사진	

かた **方** 모 방 ~분	方

きょう だい **兄 弟** 형 형 아우 제 형제	兄 弟

いま **今** 이제 금 지금	今

ひとり ぐら **一人暮し** 한 일 사람 인 저물 모 혼자 삶	

ひとり **一 人** 한 일 사람 인 한 명, 한 사람	一 人

にん **人** 사람 인 ~명(인수)	人

	남의 가족(ごかぞく)	나의 가족(かぞく)
할아버지	おじいさん 오지-상-	そふ 소후
할머니	おばあさん 오바-상-	そぼ 소보
아버지	おとうさん 오토-상-	ちち 치찌
어머니	おかあさん 오카-상-	はは 하하
부모님	ごりょうしん 고료-신-	りょうしん 료-신-
형/오빠	おにいさん 오니-상-	あに 아니
누나/언니	おねえさん 오네-상-	あね 아네
남동생	おとうとさん 오토-토상-	おとうと 오토-토
여동생	いもうとさん 이모-토상-	いもうと 이모-토
형제	ごきょうだい 고쿄-다이	きょうだい 쿄-다이
아들	むすこさん 무스코상-	むすこ 무스코
딸	むすめさん 무스메상-	むすめ 무스메
자녀	おこさん・こどもさん 오코상-・코도모상-	こども 코도모
남편	ごしゅじん 고슈징-	しゅじん 슈징-
아내	おくさん 옥-ㅋ상-	かない・つま 카나이・쯔마
손주	おまごさん 오마고상-	まご 마고

오늘은 무슨 요일입니까?

 회화맛보기

인성 きょうは なんようびですか。
코 ― 와 난 ― 요 ― 비데스까

유키 きのうが もくようびでしたから、
키 노 ― 가 모쿠요 ― 비데시타카라

きょうは きんようびですね。
코 ― 와 킹 ― 요 ― 비데스네

인성 そうか、きょうは しちじから
소 ― 까 코 ― 와 시찌지카라

のみかいなんです。
노 미 카 이 난 ― 데스

유키 そうですか。おともだちとですか。
소 ― 데스까 오토모다찌토데스까

인성 いいえ、かいしゃの ひととの やくそくです。
이 ― 에 카이 샤 노 히토토노 약―ㅋ소쿠데스

유키 そうですか。
소 ― 데스까

인성 あれ、きょう、じゅうさんにちですか。
아 레 코 ― 쥬 ― 산 ― 니찌데스까

유키 きのうが じゅうに にちでしたから そうですね。
키 노 ― 가 쥬 ― 니 니찌데시타카라 소 ― 데스네

인성 じゅうさんにちの きんようびか…。
쥬 ― 산 ― 니찌노 킹 ― 요 ― 비 까

인성 오늘은 무슨 요일입니까?
유키 어제가 목요일이었으니까, 오늘은 금요일이네요.
인성 그렇구나. 오늘은 7시부터 술 모임이 있습니다.
유키 그러세요. 친구분과 약속이 있으신가요?
인성 아니요, 회사 사람과의 약속입니다.
유키 그러세요.
인성 어라, 오늘 13일인가요?
유키 어제가 12일이었으니까 그렇네요.
인성 13일의 금요일이라….

なるほど~!!!

이번 Unit에는 장음과 묵음 단어들이 많으니까 원어민의 발음을 주의해서 들으세요. 「う」는 앞 발음의 장음으로 발음하고, 「やくそく」는 「さ행」 앞에 「か행」이 와서 「약―ㅋ소쿠」로 발음해야 해요.

또 문장 끝에 붙이는 「ね」는 자기 의견에 대해 상대방의 동의를 구하거나 확인할 때, 또는 상대방의 의견에 자기가 동의하거나 감탄할 때 사용해요.

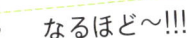

なるほど〜!!!

'なるほど〜!!!'는 '그렇구나〜!!!'
라는 뜻으로 일본에서 많이 쓰이
는 표현이랍니다.

기본 단어 익히기

- **きょう** 오늘
  쿄 -
- **かいしゃ** 회사
  카 이 샤
- **あれ** 놀라거나 이상할 때 내는 소리, 어라
  아 레
- **~でしたから** ~였으니까(~였기 때문에)
  ~데 시 타 카 라
- **~ね** ~네요(~군요, ~지요)
  ~ 네

- **きのう** 어제
  키 노 -
- **~との** ~와의
  ~토 노

- **ようび** 요일
  요 - 비
- **やくそく** 약속
  약 - ㅋ 소 쿠
- **なんか** 어쩐지
  난 - 까
- **たんじょうび** 생일
  탄 - 죠 - 비

- **のみかい** 술 모임
  노 미 카 이
- **~にち** ~일
  ~니 찌
- **るす** 외출(부재)중
  루 스
- **テスト** 시험
  테 스 토

시제 표현 익히기

	과거(でした)		현재(です)	미래(です)	
년	おととし 오토또시 재작년	きょねん 쿄넹- 작년	ことし 코토시 올해	らいねん 라이넹- 내년	さらいねん 사라이넹- 내후년
월	せんせんげつ 센-셍-게쯔 지지난 달	せんげつ 센-게쯔 지난 달	こんげつ 콩-게쯔 이번 달	らいげつ 라이게쯔 다음 달	さらいげつ 사라이게쯔 다다음 달
주	せんせんしゅう 센-센-슈- 지지난 주	せんしゅう 센-슈- 지난 주	こんしゅう 콘-슈- 이번 주	らいしゅう 라이슈- 다음 주	さらいしゅう 사라이슈- 다다음 주
일	おととい 오토또이 그제	きのう 키노- 어제	きょう 쿄- 오늘	あした 아시타 내일	あさって 아삳-떼 모레

	1	2	3	4	5	6
년	いちねん 이찌넹-	にねん 니넹-	さんねん 산-넹-	よねん 요넹-	ごねん 고넹-	ろくねん 로쿠넹-
월	いちがつ 이찌가쯔	にがつ 니가쯔	さんがつ 상-가쯔	しがつ 시가쯔	ごがつ 고가쯔	ろくがつ 로쿠가쯔

	7	8	9	10	11	12
년	しちねん 시찌넹-	はちねん 하찌넹-	きゅうねん 큐-넹-	じゅうねん 쥬-넹-	じゅういちねん 쥬-이찌넹-	じゅうにねん 쥬-니넹-
월	しちがつ 시찌가쯔	はちがつ 하찌가쯔	くがつ 쿠가쯔	じゅうがつ 쥬-가쯔	じゅういちがつ 쥬-이찌가쯔	じゅうにがつ 쥬-니가쯔

なるほど〜!!!

일본의 년·월 표시는 숫자 뒤에 「ねん(년)·がつ(월)」를 붙이면 돼요. 단, 4월과 9월에 들어가는 숫자는 다르게 발음되므로 특히 유의하세요.

일요일 にちようび 니찌요-비	월요일 げつようび 게쯔요-비	화요일 かようび 카요-비	수요일 すいようび 스이요-비	목요일 もくようび 모쿠요-비	금요일 きんようび 킹-요-비	토요일 どようび 도요-비
1일 ついたち 츠이타찌	2일 ふつか 후쯔카	3일 みっか 믹-까	4일 よっか 욕-까	5일 いつか 이쯔카	6일 むいか 무이카	7일 なのか 나노카
8일 ようか 요-카	9일 ここのか 코꼬노카	10일 とおか 토-카	11일 じゅういちにち 쥬-이찌니찌	12일 じゅうににち 쥬-니니찌	13일 じゅうさんにち 쥬-산-니찌	14일 じゅうよっか 쥬-욕-까
15일 じゅうごにち 쥬-고니찌	16일 じゅうろくにち 쥬-로쿠니찌	17일 じゅうしちにち 쥬-시찌니찌	18일 じゅうはちにち 쥬-하찌니찌	19일 じゅうくにち 쥬-쿠니찌	20일 はつか 하쯔카	21일 にじゅういちにち 니쥬-이찌니찌
22일 にじゅうににち 니쥬-니니찌	23일 にじゅうさんにち 니쥬-산-니찌	24일 にじゅうよっか 니쥬-욕-까	25일 にじゅうごにち 니쥬-고니찌	26일 にじゅうろくにち 니쥬-로쿠니찌	27일 にじゅうしちにち 니쥬-시찌니찌	28일 にじゅうはちにち 니쥬-하찌니찌
29일 にじゅうくにち 니쥬-쿠니찌	30일 さんじゅうにち 산-쥬-니찌	31일 さんじゅういちにち 산-쥬-이찌니찌				

なるほど〜!!!

일본에서는 날짜의 경우 특별하게 읽는 방법과 해당 숫자를 그대로 읽는 방법 두 가지가 있어요. 달력의 파란 글씨는 특별한 방법으로 읽는 경우이므로, 따로 암기해 둘 필요가 있어요.

 호화 표현 익히기

1. 몇(무슨) 시간단위입니까?

몇 월 며칠입니까?	**なんがつなんにちですか。** 난 - 가 쯔 난 - 니 찌 데 스 까

| 몇 월입니까? | なんがつですか。 |
| 며칠입니까? | なんにちですか。 |

2. 현재시제는(은) ~시간단위입니다.

올해는 2007년입니다.	**ことしは にせんななねんです。** 코 토 시 와 니 센 - 나 나 넹 - 데 스

그렇구나!
달은 「げつ」로, 월은 「がつ」로 읽
는다는 점에 유의하세요~!!!

| 이번 달은 4월입니다. | こんげつは しがつです。 |
| 오늘은 20일입니다. | きょうは はつかです。 |

3. 미래시제는 시간단위입니다.

내년은 2008년입니다.	**らいねんは にせんはちねんです。** 라 이 넹 - 와 니 센 - 하 찌 넹 - 데 스

그렇구나!
일본어에는 미래시제가 없어요.
그래서 현재시제를 사용해 미래시
제를 표현하지요.

| 다음 달은 7월입니다. | らいげつは しちがつです。 |
| 모레는 14일입니다. | あさっては じゅうよっかです。 |

4. 명사였습니다.

외출(부재) 중이었습니다.	**るすでした。** 루 스 데 시 타

| 친구의 생일이었습니다. | ともだちの たんじょうびでした。 |
| 13일의 금요일이었습니다. | じゅうさんにちの きんようびでした。 |

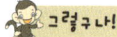 なるほど〜!!!

그렇구나!

일본어에서「시험」이라는 단어에는「しけん」과「テスト」가 있어요. 일반적으로는「テスト」를 쓰고, 입사시험처럼 공식적이거나 중요한 시험에는「しけん」을 사용해요.

5. 과거시제는 명사였습니다.

작년에는 학생이었습니다.　　**きょねんは がくせいでした。**
　　　　　　　　　　　　　　　쿄 넹 ─ 와　각 ─ ㅋ 세 ─ 데 시 타

그제는 저의 생일이었습니다.　おとといは わたしの たんじょうびでした。

어제는 술 모임이 있었습니다.　きのうは のみかいでした。

그렇구나!

시간단위의 시제에 따라 문장 전체의 시제도 변해요. 시제가 과거를 나타낼 때는「でした」로, 시제가 현재나 미래를 나타낼 때는「です」로 표현해요.

6. 과거시제는 시간단위였습니다.

재작년은 2005년이었습니다.　**おととしは にせんごねんでした。**
　　　　　　　　　　　　　　오 토 또 시 와　니 셍 ─ 고 넹 ─ 데 시 타

지난 달은 9월이었습니다.　　せんげつは くがつでした。

어제는 토요일이었습니다.　　きのうは どようびでした。

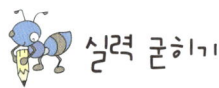 실력 굳히기

아래의 문장들을 일본어로 바꾸어 보세요.

●●● 일단 입으로 소리 내서 발음해 본 다음, 자신의 발음을 히라가나로 적으세요.

1 다음 숫자에 해당하는 히라가나를 쓰세요.

1일	2일	3일	4일	5일
6일	7일	8일	9일	10일
14일	20일	24일	며칠	

* 정답은 앞 부분의 달력을 참조하세요.

2　오늘은 몇 월 며칠입니까?

_____

3　다다음 해는 2009년입니다.

_____

4　나의 생일은 4월 24일입니다.

_____

5　어제는 외출(부재) 중이었습니다.

_____

6　지난 주에는 시험이 있었습니다.

_____

7　어제는 목요일이었습니다.

_____

8　그제는 술 모임이 있었습니다.

_____

9　다음 달은 몇 월입니까?

_____

10　다음 달은 9월입니다.

_____

정답　2 きょうは なんがつ なんにちですか。　3 さらいねんは にせんきゅうねんです。
　　　4 わたしの たんじょうびは しがつ にじゅうよっかです。　　　5 きのうは るすでした。
　　　6 せんしゅうは テストでした。　7 きのうは もくようびでした。　8 おとといは のみかいでした。
　　　9 らいげつは なんがつですか。　10 らいげつは くがつです。

きょう **今 日** 현재 금　날 일 오늘	今 日

きのう **昨 日** 어제 작　날 일 어제	昨 日

よう　　び **曜　日** 빛날 요　날 일 요일	曜 日

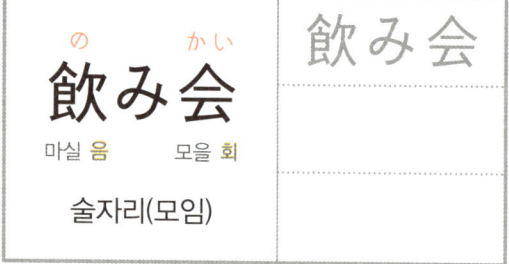

の　　　かい **飲み会** 마실 음　모을 회 술자리(모임)	飲み会

やく　　そく **約　束** 맺을 약　묶을 속 약속	約 束

たん　じょう　び **誕 生 日** 태어날 탄　날 생　날 일 생일	誕生日

にち **日** 날 일 ～일	日

がつ **月** 달 월 ～월	月

Unit 07 어제는 어땠습니까?

 회화 맛보기

유키 きのうの のみかいは どうでしたか。
키노ー노 노미카이와 도ー데시타 까

인성 あ、じゅうさんにちの きんようびでしたが、
아 쥬ー산ー니찌노 킹ー요ー비데시타 가
あんがい ラッキー でした。
안ー가이 락ー키ー 데시타

유키 それは よかったですね。
소레와 요캇ー타데스네

인성 ええ、ところで、きょうは おやすみですか。
에ー 토코로데 쿄ー와 오야스미데스 까

유키 はい、じゅぎょうは げつようびから
하이 쥬교ー와 게쯔요ー비카라
きんようびまでです。
킹ー요ー비마데데스

인성 おしごとは なんじから なんじまでですか。
오시고토와 난ー지카라 난ー지마데데스 까

유키 ごぜん はちじから ごご よじまでです。
고젠ー 하찌지카라 고고 요지마데데스

유키 어제 술 모임은 어땠어요?
인성 아, 13일의 금요일이었지만, 의외로 운이 좋았습니다.
유키 그거 잘 됐네요.
인성 네, 그런데 오늘은 쉬는 날인가요?
유키 네, 수업은 월요일부터 금요일까지 있어요.
인성 업무는 몇 시부터 몇 시까지입니까?
유키 오전 8시부터 오후 4시까지예요.

유키의 어드바이스

「それは よかったですね。」라는 표현은 회화에서 매우 자주 사용돼요. 상대방의 이야기를 듣고 「그거 잘 됐네, 그거 다행이다」라는 뉘앙스로 말할 때 쓰지요. 이에 대한 문법적 이야기는 형용사 부분에서 다시 할 테니까, 일단은 관용구처럼 통째로 외워 두세요.
「ごご(오후)」라는 말을 우리가 배운 발음대로 하면 「고고」가 되지만, 일본어에는 비음(콧소리)를 사용하는 단어들이 몇 개 있어요. 물론 요즘 젊은이들은 비음을 잘 내지 않지만, 「ごご(오후)」라는 단어는 비음을 섞어 「공오」라고 발음하는 경우도 많으므로 함께 기억해 두세요.

なるほど～!!!

기본 단어 익히기

• どうでしたか 어땠어요? 도 - 데 시 타 까	• ~が ~지만(문장전체 부정) ~가	• あんがい 예상 외로, 의외로 안 - 가 이	• じゅぎょう 수업 쥬 교 -
• ラッキー lucky, 운이 좋음) 락 - 키 -	• よかったですね 다행이군요(잘 됐군요) 요 칻 - 따 데 스 네		• あさ 아침 아 사
• ひる 낮 히 루	• ゆうがた 초저녁 유 - 가 타	• ばん 밤 방 -	• よる 늦은 밤(저녁) 요 루
• ごぜん 오전 고 젠 -	• ごご 오후 고 고	• ところで 그런데, 그건 그렇고(화제 전환) 토 코 로 데	
• (お)やすみ 휴일, 쉬는 시간, 휴가 (오) 야 스 미		• ~から ~まで ~부터 ~까지 ~카 라 ~마 데	
• パーティー party, 파티 파 - 티 -	• ごうコン 미팅 고 - 콘 -	• ブス 못생긴 여자 부 스	

회화 표현 익히기

1. 명사는 어땠습니까?

그렇구나!
「どうでしたか」는 「どう(어떻게)」
와 「でしたか(했습니까?)」가 합
쳐진 말로 「어땠습니까?」라는 뜻
이에요.

술 모임은 어땠어요?

のみかいは どうでしたか。
노 미 카 이 와   도 - 데 시 타 까

생일파티는 어땠어요? たんじょうび パーティーは どうでしたか。

시험은 어땠어요? テストは どうでしたか。

미팅은 어땠어요? ごうコンは どうでしたか。

2. 어제는 명사였습니다.

그렇구나!
「ごうコン」은 「ごうどう(공동) +
コンパ(company)」의 형태로 만
들어진 조어로, 2명 이상의 남녀
가 단체로 하는 미팅을 말해요.
일본의 젊은이들은 일반적으로 부
담 없이 여럿이서 함께 만나는 단
체 미팅을 즐기는 편이에요.

어제는 시험이었습니다.

きのうは テストだったです。
키 노 - 와   테 스 토 닫 - 따 데 스

어제는 운이 좋았습니다. きのうは ラッキーだったです。

어제는 휴일이었습니다. きのうは やすみだったです。

어제는 미팅이 있었습니다. きのうは ごうコンだったです。

66

3. 예상 외로(의외로) 명사였습니다.

예상 외로 학생이었습니다.	**あんがい がくせいでした。** 안 - 가 이 각 - ㅋ 세 - 데 시 타

> **그렇구나!**
> 명사의 과거형 표현에는 「だった
> です」와 「でした」가 있어요.

예상 외로 운이 좋았습니다.	あんがい ラッキーでした。
예상 외로 못생긴 여자였습니다.	あんがい ブスでした。

4. 명사1(수사)부터(까지)입니다.

여기서부터(까지)입니다.	**ここから(まで)です。** 코 꼬 카 라 (마 데) 데 스

> **그렇구나!**
> 「から・まで」는 수사뿐 아니라 장
> 소 명사나 그 밖의 다양한 명사와
> 함께 사용할 수 있어요. 또 늘 같
> 이 다녀야 하는 것은 아니기 때문
> 에 따로따로 사용될 수도 있어요.

137페이지부터(까지)입니다.	ひゃく さんじゅうなな ページから(まで)です。
4시부터(까지)입니다.	よじから(まで)です。

5. 명사는 시간단위부터 시간단위까지입니다.

수업은 오전 8시부터 오후 5시까지입니다.	**じゅぎょうは ごぜん はちじから** 쥬 교 - 와 고젠 - 하 찌 지 카 라 **ごご ごじまでです。** 고 고 고 지 마 데 데 스

업무는 아침 9시부터 저녁 7시까지입니다.	ぎょうむは あさ くじから ゆうがた しちじまでです。
은행은 오전 9시부터 오후 4시까지입니다.	ぎんこうは ごぜん くじから ごご よじまでです。

6. 시간명사 ~시 ~분입니다.

오전 4시입니다.	**ごぜん よじです。** 고 젠 - 요 지 데 스

정각 12시입니다.	ちょうど じゅうにじです。
오후 7시입니다.	ごご しちじです。

알아두기 시간 말하기

	시	분	초
1	いちじ 이찌지	いっぷん 입-뿡	いちびょう 이찌뵤-
2	にじ 니지	にふん 니훙-	にびょう 니뵤-
3	さんじ 산-지	さんぷん 삼-뿡-	さんびょう 삼-보-
4	よじ 요지	よんぷん 용-뿡-	よんびょう 용-보-
5	ごじ 고지	ごふん 고훙-	ごびょう 고뵤-
6	ろくじ 로쿠지	ろっぷん 롭-뿡-	ろくびょう 로쿠뵤-
7	しちじ 시찌지	ななふん 나나훙-	しちびょう 시찌뵤-
8	はちじ 하찌지	はっぷん・はちふん 합-뿡-・하찌훙-	はちびょう 하찌뵤-
9	くじ 쿠지	きゅうふん 큐-훙-	きゅうびょう 큐-뵤-
10	じゅうじ 쥬-지	じっぷん・じゅっぷん 집-뿡-・쥽-뿡-	じゅうびょう 쥬-뵤-
11	じゅういちじ 쥬-이찌지	じゅういっぷん 쥬-입-뿡-	じゅういちびょう 쥬-이찌뵤-
12	じゅうにじ 쥬-니지	じゅうにふん 쥬-니훙-	じゅうにびょう 쥬-니뵤-
30		さんじっぷん・はん 산-집-뿡-・항-	
몇	なんじ 난-지	なんぷん 난-뿡-	なんびょう 난-뵤-

유키의 어드바이스

「～じ(시)」는 유성자음이기 때문에 발음 변화가 일어나지 않아요. 단 4, 7, 9를 읽는 방법에 유의하세요.
「～ふん(분)」은 무성자음(か・さ・た・は・ぱ)이기 때문에 앞에 오는 숫자의 발음에 따라 변화가 일어나요. 이때, 변하는 예외 숫자는 1, 6, 8, 10이며 끝 글자가 「っ(촉음)」으로 바뀌게 돼요. 또 「～じ(시)」를 나타내는 4의 경우는 예외로 발음이 변하기 때문에 꼭 기억해 두어야 해요. 또 「なん(몇～)」은 자기 단위의 3과 같은 소리를 낸다는 것도 기억해 두세요.
Unit4에서 숫자 읽기 부분의 무성자음에 대한 발음 변화를 설명하면서 문법적인 설명은 단지 여러분의 이해를 돕기 위한 것이라고 했지요? 문법 원칙을 암기하려고 하지 말고, 표에 파란색으로 표시된 시간단위(우리끼리의 표시)에 유의해서 하나하나 발음하는 연습을 반복해서 해 보세요. 우리의 지혜로운 입과 몸이 알아서 문법 원칙을 기억해 줄 거에요.

실력 굳히기

●●● 일단 입으로 소리 내서 발음해 본 다음, 자신의 발음을 히라가나로 적으세요.

아래의 그림을 보고 시계가 가리키는 시간을 히라가나로 쓰세요.

	1	2
PM 04:15	AM 07:30	PM 02:00
예 いま なんじですか	いま なんじですか	いま なんじですか
いま ごご よじ じゅうごふんです	いま　　　　　　　です	いま　　　　　　　です
3	4	5
AM 08:45	PM 08:10	AM 10:28
いま なんじですか	いま なんじですか	いま なんじですか
いま　　　　　　　です	いま　　　　　　　です	いま　　　　　　　です

6 생일 파티는 어땠어요?

_____

7 예상 외로 운이 좋았습니다.

_____

8 은행은 오전 9시부터 오후 4시까지입니다.

_____

정답　1 ごぜんしちじ さんじゅっぷん(はん)　　2 ちょうどごご にじ　　3 ごぜん はちじ よんじゅうごふん
4 ごご はちじ じっぷん(じゅっぷん)　　5 ごぜん じゅうじ にじゅうはっぷん　　6 たんじょうび パーティーは どうでしたか。
7 あんがい ラッキーでした(だったです)。　　8 ぎんこうは ごぜん くじから ごご よじまでです。

 한자 익히기

じゅ ぎょう 授 業 줄 수 업 업 수업	授 業

あさ 朝 아침 조 아침	朝

ひる 昼 낮 주 점심	昼

ばん 晩 늦을 만 저녁	晩

ご ぜん 午 前 낮 오 앞 전 오전	午 前

ご ご 午 後 낮 오 뒤 후 오후	午 後

ゆう がた 夕 方 저녁 석 모 방 (초)저녁	夕 方

よる 夜 밤 야 (늦은)저녁, 밤	夜

치즈버거와 커피를 주세요

 회화 맛보기

유키 わたしは チーズバーガー ひとつと
와 타 시 와 　 치 ─ 즈 바 ─ 가 ─ 　히 토 쯔 토

コーヒーを ください。
코 ─ 히 ─ 오 　 쿠 다 사 이

점원 かしこまりました。チーズバーガーと
카 시 코 마 리 마 시 타 　 　치 ─ 즈 바 ─ 가 ─ 토

コーヒーですね。
코 ─ 히 ─ 데 스 네

유키 はい、インソンさんは。
하 이 　 　인 성 상 ─ 와

인성 ぼくは ビックマックを ください。
보 쿠 와 빅 ─ 쿠 막 ─ 쿠 오 쿠 다 사 이

それから、コーラを おねがいします。
소 레 카 라 　 　코 ─ 라 오 오 네 가 이 시 마 스

점원 ぜんぶで ろくせんはっぴゃくウォンです。
젠 ─ 부 데 록 ─ 크 센 ─ 합 ─ 빠 쿠 원 ─ 데 스

おかいけいは ごいっしょで よろしいですか。
오 카 이 케 ─ 와 고 잇 ─ 쇼 데 요 로 시 ─ 데 스 까

인성 ええ、いっしょで おねがいします。
에 ─ 　 　잇 ─ 쇼 데 오 네 가 이 시 마 스

유키 저는 치즈버거 하나와 커피를 주세요.

점원 알겠습니다. 치즈버거와 커피 맞으시죠?

유키 네. 인성 씨는요?

인성 저는 빅맥을 주세요. 그리고 콜라를 부탁합니다.

점원 전부 해서 6800원입니다. 계산은 같이 해도 되겠습니까?

인성 네, 같이 부탁드려요.

기본 단어 익히기

- チーズバーガー 치즈버거
  치 - 즈 바 - 가
- コーヒー 커피
  코 - 히 -
- を (격조사) ~을, 를
  오
- ~ください 주십시오
  ~쿠 다 사 이
- かしこまりました 알겠습니다(공손체)
  카 시 코 마 리 마 시 타
- ビックマック 빅맥
  빅 - 쿠막 - 쿠
- それから 그리고
  소 레 카 라
- コーラ 콜라
  코 - 라
- ぜんぶで 전부 해서(합계)
  젠 - 부 데
- おねがいします 부탁합니다
  오 네 가 이 시 마 스
- (お)かいけい 계산
  (오) 카 이 케 -
- (ご)いっしょ 함께, 같이
  (고) 잇 - 쇼
- よろしいですか 괜찮으시겠습니까?(공손체)
  요 로 시 - 데 스 까
- で ~으로
- じかん 시간
  지 캉 -
- おみず 물
  오 미 즈
- ラーメン 라면
  라 - 멘 -
- サイン 사인
  사 인 -

유키의 어드바이스

일본어에는 유난히 「お」라는 접두어가 붙은 단어들이 많아요. 이것은 원래 「にょうぼうことば(뇨-보- 코토바)」라고 해서, 무로마치 시대의 상류층 궁녀들이나 귀족 부인들이 쓰던 품위 있는 말투였는데, 에도 시대에 들어서면서 일반적인 공손함을 나타내는 뜻으로 널리 사용되었다고 해요. 이처럼 「お」라는 접두사는 말을 부드럽게 하거나 좀 더 공손한 표현이 되도록 하거나 일본의 미의 기준이 되는 깨끗함을 입히는 의미, 즉 정화의 의미로 사용되고 있어요. 지금은 「おさけ(술)·おしり(엉덩이)·おべんとう(도시락)·おかし(과자)」 등처럼 관용적으로 붙여서 사용되는 단어들도 많아요.

 회화 표현 익히기

1. 명사(을,를) 주십시오.

그렇구나!
일본에는 온도에 따라 3가지 종류의 「물」이 있어요. 자연온도의 물은 「(お)みず」, 뜨거운 물은 「(お)ゆ」, 차가운 물은 「(お)ひや」라고 해요.

이것을 주십시오.	**これ(を) ください。** 코 레 오 쿠 다 사 이
커피를 주십시오.	コーヒー(を) ください。
물을 주십시오.	おみず(を) ください。

2. 명사, 단위수사(개) 주십시오.

그렇구나!
단위수사 뒤에 오는 격조사 「~を(~을/를)」은 생략하는 것이 일반적이에요. 또 「ください」는 무엇을 달라고 말할 때 「주세요/주십시오」라는 의미로 사용해요.

콜라 하나 주세요.	**コーラ、ひとつ ください。** 코 - 라 히 토 쯔 쿠 다 사 이
그거 두 개 주세요.	それ、ふたつ ください。
라면 세 개 주세요.	ラーメン、みっつ ください。

なるほど〜!!!

3. 명사(을,를) 부탁합니다.

이거(것을) 부탁 드릴게요.

これ、おねがいします。
코 레　오 네 가 이 시 마스

인성 씨 부탁해요.(바꿔 주세요.)　インソンさん、おねがいします。

물 부탁해요.(주세요.)　おみず、おねがいします。

> 그렇구나!
> 「おねがいします」는 「ねがう(바라다)」라는 동사에서 파생된 말로, 예문에서처럼 「부탁」의 의미를 포함하는 다양한 상황에서 사용할 수 있어요.

4. 명사로 괜찮으시겠습니까?

이걸로 괜찮으시겠습니까?

これで よろしいですか。
코 레 데　요 로 시 - 데 스 까

같이 해도(계산 등) 괜찮으시겠습니까?　ごいっしょで よろしいですか。

여기로 괜찮으시겠습니까?　こちらで よろしいですか。

> 그렇구나!
> 「〜で よろしいですか (〜로 괜찮으시겠습니까?)」는 「〜で いいですか」보다 공손한 표현인데요, 상황에 따라 「〜로 되시겠습니까? 〜로 충분하시겠습니까? 〜로 좋으십니까?」라는 의미로도 사용돼요.

 알아두기　개수 세기 (단위명사)

숫자	읽기	숫자	읽기
1개	ひとつ 히토쯔	6개	むっつ 묻-쯔
2개	ふたつ 후타쯔	7개	ななつ 나나쯔
3개	みっつ 믿-쯔	8개	やっつ 얃-쯔
4개	よっつ 욜-쯔	9개	ここのつ 코꼬누쯔
5개	いつつ 이쯔쯔	10개	とお 토-
		몇 개	いくつ 이쿠쯔

73

 실력 굳히기

아래의 문장들을 일본어로 바꾸어 보세요.

●●● 일단 입으로 소리 내서 발음해 본 다음, 자신의 발음을 히라가나로 적으세요.

1 커피를 주세요.

_____

2 저것을 주세요.

_____

3 저거, 두 개 주세요

_____

4 물(을) 부탁해요.

_____

5 이거, 부탁드릴게요.

_____

6 유키 씨, 바꿔 주세요(부탁해요)

_____

7 이것으로 되셨나요(충분하신가요)?

_____

8 계산은 함께 해도 괜찮으신가요?

_____

정답 1 コーヒーを ください。   2 あれを ください。   3 あれ、ふたつ ください。
4 おみず、おねがいします。   5 これ、おねがいします。   6 ユキさん、おねがいします。
7 これで よろしいですか。   8 おかいけいは ごいっしょで よろしいですか。

 한자 익히기

いっ しょ **一 緒** 한 일　실마리 서 함께	一 緒
かい けい **会 計** 모을 회　셀 계 합계	会 計
じ かん **時 間** 때 시　사이 간 시간	時 間
みず **お水** 물 수 물	お水
わたし **私** 사사 사 나	私
かの じょ **彼 女** 저 피　계집 녀 그녀	彼 女
やす **休み** 쉴 휴 휴가 · 휴식 · 방학	休み
あん がい **案 外** 책상 안　밖 외 예상외로 · 의외로	案 外

です집안의 이란성 쌍둥이, イ형용사와 ナ형용사

형용사란 명사를 수식하거나, 문장의 술어 역할을 하는 품사예요. 「です」 집안에는 イ형용사와 ナ형용사라는 이란성 쌍둥이 형제가 있어요. 이 둘은 문장에서의 역할은 똑같지만, 생김새와 어미활용은 조금 달라요. 이들의 생김새 특징을 살펴보면, イ형용사는 어미가 「~い」로 끝나고 ナ형용사는 「~だ」로 끝나요. 하지만 ナ형용사의 어미는 사전상에서는 생략되어 있기 때문에 명사와 약간 혼란스러울 수도 있어요. 쉽게 설명하자면, 일반적으로 우리말로 「명사하다」라고 말할 수 있는 것들은 ナ형용사이고, 이 형태가 불가능한 것들은 명사라고 생각하면 돼요.

独学で学ぶ 日本語会話の第一歩

です 집안의 이란성 쌍둥이, イ형용사와 ナ형용사

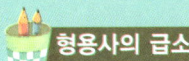

イ형용사와 ナ형용사의 생김새

- 大(おお)きい 크다
- きれいだ 예쁘다, 깨끗하다
- 小(ちい)さい 작다
- 静(しず)かだ 조용하다
- 長(なが)い 길다
- 便利(べんり)だ 편리하다, 편하다
- 短(みじか)い 짧다
- 不便(ふべん)だ 불편하다
- 重(おも)い 무겁다
- きらいだ 싫어하다
- 軽(かる)い 가볍다
- 好(す)きだ 좋아하다
- 暑(あつ)い 덥다
- 大丈夫(だいじょうぶ)だ 괜찮다
- 寒(さむ)い 춥다
- 真面目(まじめ)だ 성실하다
- 早(はや)い 빠르다, 이르다
- 複雑(ふくざつ)だ 복잡하다
- 遅(おそ)い 늦다
- 簡単(かんたん)だ 간단하다

형용사의 급소

01 イ(형용사)한 명사입니다　　イ형용사 명사です

02 ナ(형용사)한 명사입니다　　ナ형용사な명사です

03 (형용사)합니다　　イ형용사です　　　　ナ형용사~~だ~~です

04 (형용사)하지 않습니다　　イ형용사~~い~~くないんです　　ナ형용사~~だ~~じゃないんです

05 (형용사)했습니다　　イ형용사~~い~~かったんです　　ナ형용사~~だ~~だったんです
　　　　　　　　　　　　　　　　　　　　　　　ナ형용사~~だ~~でした

06 (형용사)하지 않았습니다　　イ형용사~~い~~くなかったんです　　ナ형용사~~だ~~じゃなかったんです

07 취향을 나타내는 형용사　　~がいいです / 悪(わる)いです　　~が好(す)きです / 嫌(きら)いです

08 능력을 나타내는 형용사　　~がうまいです　　~が上手(じょうず)です / 下手(へた)です
　　　　　　　　　　　　　　　　　　　　　　　~が得意(とくい)です / 苦手(にがて)です

귀엽게 생긴 분이시네요

 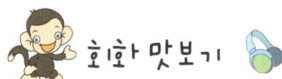 회화 맛보기

유키 かわいい 顔の 人ですね。
카 와 이- 카오노 히토데스네

インソンさんの 彼女ですか。
인 성 상-노 카노죠데스까

인성 いいえ、彼女じゃありません。
이- 에 카노죠 쟈 아리마셍-

彼女は 歌手です。
카노죠와 카슈데스

유키 あ、歌手ですか。
아- 카 슈데스까

인성 ええ、アイドルスターなんです。
에- 아 이 도 루 스 타-난-데스

유키 とても 優しい 笑顔ですね。チョー かわいい~。
토 테 모 야사시- 에가오데스네 쵸- 카 와 이-

인성 そうでしょう。これが 彼女の 新曲です。
소- 데 쇼- 코 레 가 카노죠노 싱-쿄쿠데스

유키 귀엽게 생긴 분이시네요.
인성 씨의 여자친구입니까?
인성 아니요, 여자친구가 아닙니다.
그녀는 가수입니다.
유키 아, 가수예요?
인성 네, 아이돌스타입니다.
유키 매우 상냥한 미소를 짓고 있네요.
짱 귀엽다~!
인성 그렇죠?
이게 그녀의 신곡입니다.

なるほど~!!!

「彼女(かのじょ)」라는 말은 원래 3인칭의 여성, 즉 「그녀」를 가리키지만, 「여자친구」라는 뜻으로도 사용돼요. 참고로 「남자친구」는 「彼(かれ)」 또는 「彼氏(かれし)」라고 해요.

'なるほど〜!!!'는 '그렇구나〜!!!'라는 뜻으로 일본에서 많이 쓰이는 표현이랍니다.

기본 단어 익히기

- 顔(かお) 얼굴
  카오
- 彼女(かのじょ) 그녀, 여자친구
  카노죠
- 僕(ぼく) 나(남성어)
  보쿠

- 歌手(かしゅ) 가수
  카슈
- アイドルスター 아이돌스타
  아이도루스타-
- とても 매우
  토테모
- 笑顔(えがお) 웃는 얼굴
  에가오

- チョ〜 완전, 짱
  쵸
- 〜でしょう 〜지요?
- 新曲(しんきょく) 신곡
  싱-쿄쿠
- かばん 가방
  카방

- 女(おんな)の人(ひと) 여자
  온-나 노 히토
- 男(おとこ)の人(ひと) 남자
  오토코 노 히토
- 〜も (첨가조사) 〜도
  〜모

⟨이 Unit의 형용사⟩

- かわいい 귀엽다
  카와이-
- 優(やさ)しい 다정, 자상하다
  야사시-
- いい 좋다
  이-
- 悪(わる)い 나쁘다
  와루이

- おいしい 맛있다
  오이시-
- まずい 맛없다
  마즈이
- 大(おお)きい 크다
  오-키-
- 小(ちい)さい 작다
  치-사이

유키의 어드바이스

이제부터는 한자를 병기할 거예요. 이 책의 도입 부분에서 말했듯이, 일본어 문장은 한자와 히라가나를 중심으로 이루어져 있기 때문에 한자를 싫어하면 일본어 공부가 굉장히 힘들고 싫어져요. 첫 술에 배부를 수 없다는 말 들어봤지요? 너무 부담 갖지 말고 각 Unit은 맨 마지막 부분에 수록된 한자연습장을 이용해 한자와 친숙해지도록 하세요. 한자와 친해지면 일본어는 물론, 좀 더 깊은 단어의 의미까지 깨달을 수 있기 때문에 우리말 어휘력에도 많은 도움이 될 거예요. 「やれば きっと できる はずです！」, 하면 반드시 된답니다〜!

 회화 표현 익히기

1. イ형용사 + 명사

귀여운 그녀	かわいい 彼女(かのじょ) 카 와 이- 카노죠

그렇구나!
> イ형용사가 명사와 만날 때는 그냥 「イ형용사 + 명사」 형태가 되고, 해석만 「〜한 명사」라고 하면 돼요. 무척 간단하지요?

맛있는 라면	おいしい ラーメン
큰 가방	おおきい かばん

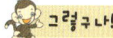

79

2. イ형용사한 명사입니다.

그렇구나!
일본어로 여자를 표현할 때는 반드시 「おんなの ひと」라고 해야 해요. 그냥 「女(おんな)」라고 하면, 여성을 비하하는 뉘앙스가 되기 때문에 매우 큰 실례거든요. 절대 실수하지 마세요~!!!

| 귀여운 여자입니다. | かわいい 女の人です。
카 와 이 – 온-나 노 히토 데 스 |

자상(다정)한 사람입니다.　優しい 人です。

맛있는 커피입니다.　おいしい コーヒーです。

3. イ형용사한 명사가 아닙니다.

| 큰 가방이 아닙니다. | 大きい かばんじゃありません。
오 – 키 – 카 방 – 쟈 아 리 마 셍 – |

좋은 신곡이 아닙니다.　いい 新曲じゃありません。

나쁜 사람이 아닙니다.　悪い 人じゃありません。

4. 완전(짱) イ형용사하다.

그렇구나!
「チョ」라는 표현은 원래 접두사 「超(ちょう)/초」에서 파생됐어요. 1980년 후반부터 젊은 세대들이 즐겨 쓰던 표현인데, 표준 일본어로 하면 「とても(매우)・すごく(굉장히)」라는 의미가 돼요.

| 완전 귀엽다. | チョー かわいい。
초　카 와 이 – |

짱 친절하다.　チョー 優しい。

짱 맛있다.　チョー おいしい。

5. 명사랍니다.(〜인 것입니다.)

그렇구나!
「なんです」는 「なのです」의 회화체예요. 문말(문장의 끝)에 위치해 상대방이 몰랐던 새로운 정보를 알려주거나 문장을 강조하고 싶을 때 사용해요. 참고로 첨가조사 「〜も」는 「〜(명사)도」라고 해석해요.

| 저 사람은 남자랍니다. | あの ひとは 男の人なんです。
아 노 히 토 와 오토코 노 히토 난 – 데 스 |

그녀는 아이돌스타랍니다.　彼女は アイドルスターなんです。

저도 남자입니다.　僕も 男 なんです。

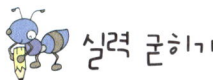 실력 굳히기

아래의 문장들을 일본어로 바꾸어 보세요.

●●● 일단 입으로 소리 내서 발음해 본 다음, 자신의 발음을 히라가나로 적으세요.

1 큰 가방

_____

2 귀여운 여자입니다.

_____

3 다정한 사람입니다.

_____

4 나쁜 사람이 아닙니다.

_____

5 작은 방이 아닙니다.

_____

6 굉장히(짱) 맛있다〜!

_____

7 저의 여자친구랍니다.

_____

8 저도 여자랍니다.

_____

정답 1 大きい かばん   2 かわいい 女の人です。   3 優しい 人です。
　　4 悪い 人じゃありません。   5 小さい 部屋じゃありません。   6 チョー おいしい。
　　7 僕の 彼女なんです。   8 私も 女の人なんです。

歌 手
か しゅ
노래 가   손 수
歌 手
가수

最 近
さい きん
가장 최   가까울 근
最 近
최근

優しい
やさ
넉넉할 우
優しい
다정 · 자상하다

悪い
わる
악할 악 / 미워할 오
悪い
나쁘다

大きい
おお
큰 대
大きい
크다

小さい
ちい
작을 소
小さい
(크기)작다

女の人
おんな ひと
계집 여   사람 인
女の人
여자

男の人
おとこ ひと
사내 남   사람 인
男の人
남자

먼저 자주 쓰이는 상반 형용사들을 정리해 볼게요.

형용사	의미	형용사	의미
いい	좋다	悪(わる)い	나쁘다
新(あたら)しい	새롭다	古(ふる)い	오래되다, 낡다
おいしい	맛있다	まずい	맛없다
多(おお)い	(양이)많다	少(すく)ない	(양이)적다
大(おお)きい	크다	小(ちい)さい	(크기)작다
重(おも)い	무겁다	軽(かる)い	가볍다
面白(おもしろ)い	재미있다	つまらない	재미없다
広(ひろ)い	넓다	狭(せま)い	좁다
遠(とお)い	멀다	近(ちか)い	(거리가)가깝다
早(はや)い	(시간이)이르다	遅(おそ)い	(시간)늦다
強(つよ)い	강하다, 세다	弱(よわ)い	약하다
硬(かた)い	딱딱하다, 단단하다	柔(やわら)かい	(감촉이)부드럽다
暑(あつ)い	(날씨가)덥다	凉(すず)しい	시원하다
熱(あつ)い	(액체 등이)뜨겁다	温(ぬる)い	미지근하다
暖(あたた)かい	(날씨가)따뜻하다	寒(さむ)い	춥다
高(たか)い	높다, (키)크다	低(ひく)い	낮다, (키)작다
	(가격)비싸다	安(やす)い	(가격)싸다
嬉(うれ)しい	기쁘다	悲(かな)しい	슬프다
楽(たの)しい	즐겁다	寂(さび)しい	외롭다. 적적하다
塩辛(しおから)い	짜다	水(みず)っぽい	싱겁다

Unit 10 예쁜 목소리네요

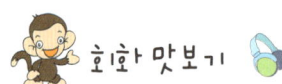 **회화 맛보기**

유키 きれいな 声ですね。
키 레 - 나 코에데 스 네

인성 ええ、最近 評判の アイドル歌手ですから。
에 - 사이킹 - 효 - 반 - 노 아 이 도 루 카 슈 데 스 카 라

ユキさんの 好きな 歌手は 誰ですか。
유 키 상 - 노 스 키 나 카 슈 와 다레데 스 까

유키 ビー君です。
비 - 쿤 - 데 스

인성 ビー君は 今は もう 国際的な スターですね。
비 - 쿤 - 와 이마 와 모 - 콕ㅋ사이테키나 스 타 - 데 스 네

유키 ええ、日本でも けっこう 有名なんです。
에 - 니 혼 - 데모 켁 - 코 - 유 - 메 - 난 - 데 스

유키 예쁜 목소리네요.
인성 네, 최근에 인기가 높은 아이돌가수니까요.
유키 씨가 좋아하는 가수는 누구입니까?
유키 '비' 입니다.
인성 '비' 는 이제는 이미 국제적인 스타죠.
유키 네, 일본에서도 상당히 유명하답니다.

84

なるほど〜!!!

'なるほど〜!!!' 는 '그렇구나〜!!!'
라는 뜻으로 일본에서 많이 쓰이
는 표현이랍니다.

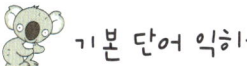 기본 단어 익히기

- 声(こえ) 목소리
  코 에
- 心(こころ) 마음
  코꼬로
- 町(まち) 동네, 마을
  마 찌

- 最近(さいきん) 최근(에)
  사 이 킹 -
- 今(いま) 지금
  이 마
- 歌(うた) 노래
  우 타

- 評判(ひょうばん)の 소문이 난, 유명한
  효 - 반 - 노
- もう 이미, 이제
  모 -
- けっこう 꽤, 상당히
  켁 - 코 -

〈이 Unit의 형용사〉

- きれいだ 예쁘다
  키 레 - 다
- 真面目(まじめ)だ 성실하다
  마 지 메 다
- 賑(にぎ)やかだ 번화하다
  니 기 야 카 다

- 好(す)きだ 좋아하다
  스 키 다
- 国際的(こくさいてき)だ 국제적이다
  콕-ㅋ사 이 테 키 다
- 親切(しんせつ)だ 친절하다
  신 - 세 쯔 다

- 有名(ゆうめい)だ 유명하다
  유 - 메 - 다
- 静(しず)かだ 차분하다
  시 즈 카 다

유키의 어드바이스

「ナ(na)형용사」는 イ형용사와 달리 다양한 예명을 가지고 있어요. 형용사와 동사의 특징을 가지고 있다고 해서 「형용동사」, 'な'와 'に'라는 조사를 사용하고 명사적 성격을 가진다 해서 「ナニ명사」, 마지막으로 'ナ'라는 조사를 사용하는 형용사라고 해서 「ナ형용사」라고도 불러요. 최근에는 학습자들의 이해를 쉽게 하기 위해 「ナ형용사」라는 명칭을 사용하는 것이 일반적인데요, 유키도 앞으로 이 명칭을 사용할 거에요.

ナ형용사는 원칙적으로 명사의 활용과 거의 흡사하기 때문에 명사 Part를 꼼꼼히 학습했다면 별 문제없이 쉽게 이해할 수 있어요. 단, 명사와 명사가 연결될 때는 「명사 の 명사」의 형태를 취하는데 반해, ナ형용사는 어미인 「だ」를 「な」로 바꾼 형태, 즉 「ナ형용사 な+ 명사(〜한 명사)」 형태를 취해야 한다는 점이 달라요. 이 부분은 イ형용사와의 차이점도 되는 부분이기 때문에 반드시 외워 둬야 해요.

 회화 표현 익히기

1. ナ형용사 な 명사

| 친절한 금자 씨 | 親切(しんせつ)な クムジャさん
신 - 세 쯔 나 금 자 상 - |

그렇구나!

ナ형용사가 명사에 연결될 때는 「ナ형용사 だ な 명사」의 형태가 된다고 말했지요? 「나 형용사〜 나 명사〜(ナ형용사な명사)」이렇게 암기해 두세요〜!!!

예쁜 여자아이 きれいな 女(おんな)の子(こ)

유명한 사람 有名(ゆうめい)な 人(ひと)

85

2. ナ형용사な 명사입니다.

| 성실한 사람입니다. | 真面目な 人です。
마지메나 히토데스 |

깨끗한 방입니다.　　きれいな 部屋です。

번화한 동네입니다.　賑やかな 町です。

3. 評判(ひょうばん)の 명사

> 그렇구나!
> 「評判」은 우리말로는 「평판」이라는 뜻이지만, 일본어에서는 「소문남·유명함·잘 알려짐」 등의 뜻으로도 사용돼요. 즉, 「評判(ひょうばん)の 명사」는 「유명세를 타는(인기 있는) 명사」 정도로 해석하면 돼요.

| 유명세를 타는 노래 | 評判の 歌
효-반-노 우타 |

인기 있는 인성 씨　　評判の インソンさん

소문난 병원　　評判の 病院

4. 명사の イ형용사·ナ형용사な 명사

> 그렇구나!
> 일본어에서 명사구에 위치하는 주격조사 「が」는 「の」로 바꾸는 것이 바람직해요. 예를 들어, 「명사가 좋아하는 명사」라는 말은 일본어로 「명사가 好きな 명사」 대신 「명사の 好きな 명사」의 형태로 표현해요.

| 라면이 맛있는 삿뽀로 | ラーメンの おいしい 札幌
라-멘-노 오이시- 삽-뽀로 |

마음이 착한(좋은) 그　　心の 優しい 彼

내가 좋아하는 선생님　私の 好きな 先生

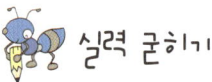 실력 굳히기

아래의 문장들을 일본어로 바꾸어 보세요.

●●● 일단 입으로 소리 내서 발음해 본 다음, 자신의 발음을 히라가나로 적으세요.

1 친절한 인성 씨

2 번화한 동네

3 성실한 사람입니다.

4 조용한 노래입니다.

5 유키 씨는 예쁩니다.

6 인성 씨는 친절합니다.

7 유명세를 타는 노래

8 소문난 동네

9 내가 좋아하는 선생님

10 마음이 착한 그녀

정답 1 親切な インソンさん   2 賑やかな 町   3 真面目な 人です。
     4 静かな 歌です。   5 ユキさんは きれいです。   6 インソンさんは 親切です。
     7 評判の 歌   8 評判の 町   9 私の 好きな 先生
     10 心の 優しい 彼女

한자 익히기

こころ 心 마음 심 마음	心

うた 歌 노래 가 노래	歌

す 好きだ 좋을 호 좋아하다	好きだ

ま じ め 真面目だ 참 진 얼굴 면 눈 목 성실하다	真面目だ

しず 静かだ 고요할 정 조용하다 · 차분하다	静かだ

にぎ 賑やかだ 구휼할 진 번화하다	賑やかだ

しん せつ 親切だ 친할 친 끊을 절 친절하다	親切だ

ゆう めい 有名だ 있을 유 이름 명 유명하다	有名だ

자주 쓰이는 ナ형용사

형용사	의미	형용사	의미
きれいだ	예쁘다, 깨끗하다	静(しず)かだ	조용하다
便利(べんり)だ	편리하다	不便(ふべん)だ	불편하다
好(す)きだ	좋아하다	嫌(きら)いだ	싫어하다
簡単(かんたん)だ	간단하다	複雑(ふくざつ)だ	복잡하다
心配(しんぱい)だ	걱정이다	真面目(まじめ)だ	성실하다
上手(じょうず)だ	잘하다, 능숙하다	下手(へた)だ	못하다, 서툴다
上品(じょうひん)だ	고상하다, 품위 있다	下品(げひん)だ	품위 없다, 상스럽다
大丈夫(だいじょうぶ)だ	괜찮다	楽(らく)だ	편하다
親切(しんせつ)だ	친절하다	大変(たいへん)だ	큰일이다
元気(げんき)だ	건강하다	かわいそうだ	불쌍하다, 안스럽다
大事(だいじ)だ	중요하다	嫌(いや)だ	싫다
立派(りっぱ)だ	훌륭하다	危険(きけん)だ	위험하다
暇(ひま)だ	한가하다	変(へん)だ	이상하다
素敵(すてき)だ	멋지다	大切(たいせつ)だ	소중하다, 중요하다
ハンサムだ	잘생겼다	有名(ゆうめい)だ	유명하다
勝手(かって)だ	제멋대로다		

일로 조금 바쁩니다

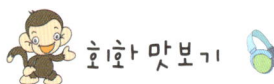 회화 맛보기 🎧

유키 あら、インソンさん お久しぶりです。
아라 인 성 상- 오히사시부리데스

인성 ええ、お久しぶりです。
에 - 오히사시부리데스

유키 最近 お忙しいですか。
사이 킹- 오 이소가시 - 데 스 까

인성 ええ、仕事で ちょっと 忙しいんです。
에 -   시고토데 춋 -또 이소가시인-데스

유키 それは大変ですね。
소 레 와 타이헨-데 스 네

인성 でも 週末は たいてい 暇です。
데 모 슈-마쯔와 타 이 테 - 히마데스

유키 じゃ、今週末、一緒に 食事でも どうですか。
쟈   콘-슈-마쯔 잇-쇼니 쇼쿠지데모 도 -데 스 까

인성 ええ、いいですね。
에 - 이 -데 스 네

유키 어머, 인성 씨, 오랜만이에요.
인성 네, 오랜만입니다.
유키 요즘 바쁘세요?
인성 네, 일로 조금 바쁩니다.
유키 그것 참 힘드시겠네요.
인성 하지만 주말에는 대부분 한가합니다.
유키 그럼 이번 주말에 같이 식사라도 하실래요?
인성 네, 좋습니다.

기본 단어 익히기

- **あら** 어머(여성어)
  아 라
- **(お)久(ひさ)しぶり** 오랜만임
  오 히사 시 부리
- **最近(さいきん)** 최근
  사 이 킹 ─
- **仕事(しごと)** 일, 업무
  시 고 토
- **ちょっと** 조금, 잠깐
  쵸 ─ 또
- **でも** 하지만, 그러나
  데 모
- **週末(しゅうまつ)** 주말
  슈 ─ 마 쯔
- **たいてい** 대부분, 대개
  타 이 테 ─
- **一緒(いっしょ)に** 함께
  잇 ─ 쇼 니
- **食事(しょくじ)** 식사
  쇼 쿠 지
- **〜ですから** 〜하기 때문에
  〜데 스 카 라
- **かぜ** 감기
  카 제
- **〜で** 〜로(이유, 원인)
  〜데

〈이 Unit의 형용사〉

- **暑(あつ)い** 덥다
  아 쯔 이
- **涼(すず)しい** (날씨)시원하다, 서늘하다
  스 즈 시 ─
- **冷(つめ)たい** 차갑다, 시원하다
  쯔 메 타 이
- **忙(いそが)しい** 바쁘다, 분주하다
  이 소 가 시 ─
- **大変(たいへん)だ** 힘들다, 고생스럽다
  타 이 헨 ─
- **暇(ひま)だ** 한가하다
  히 마

유키의 어드바이스

　일본어에는 여성어와 남성어가 존재해요. 여성어란 여성만이 사용하는 말이고, 남성어란 남성만이 사용할 수 있는 말인데요, 감탄사 「あら」 같은 경우가 여성어에 해당해요. 우리말로 하면 「어머, 어, 어랏」 정도로 해석할 수 있어요. 남성은 이 말 대신 「あれ」라는 표현을 사용해요. 단, 여성은 「あれ」도 사용할 수 있어요.

　여성이 사용하면 안 되는 남성어에는 「ぼく/おれ(나)」 같은 1인칭 대명사들이 있어요. 또 「うまい」라는 형용사가 「맛있다」라는 뜻으로 사용될 때는 여성은 사용할 수 없어요. 여성의 경우에는 「おいしい」라고 표현해야 해요. 물론 최근에는 여성의 사회진출과 페미니즘이 보편화되면서 남성어를 쓰는 여성들이 많아지긴 했지만, 남성이 여성어를 쓰는 경우는 거의 없어요. 또 여성이 남성어를 쓰는 것도 예의 바른 표현은 아니기 때문에 처음 일본어를 학습하는 사람은 사용하지 않는 것이 바람직해요.

회화 표현 익히기

1. イ형용사 합니까?

그렇구나!

우리말로 「음료・물체가 시원하다・차갑다」라는 말을 할 때는 「冷(つめ)たい」를 사용해야 해요. 「涼(すず)しい」는 「바람, 공기, 날씨가 시원하다」는 뜻으로만 사용할 수 있다는 점 꼭 기억하세요!

바쁩니까?	いそが **忙しいですか。** 이소가 시 ─ 데 스 까

덥습니까?
あつ
暑いですか。

차갑습니까?
つめ
冷たいですか。

2. ナ형용사 합니까?

> ナ형용사가「정중체 です형」에 연결될 때는 イ형용사와 달리, 어미「だ」가 생략된다는 점에 유의해야 해요.
>
> 「★ ナ형용사だです」

한가합니까?	暇ですか。 ひま 히 마 데 스 까
힘듭니까?	大変ですか。 たいへん
조용합니까?	静かですか。 しず

3. 형용사하기 때문에 형용사합니다.

> 「문장 ですから」는 문장 중간과 끝 부분 모두에서 사용할 수 있어요. 즉,「きれいですから 好きです。(예뻐서 좋아해요)」「彼女は きれいですから。(그녀는 예쁘니까요)」의 두 가지 형태가 다 가능해요.

바쁘기 때문에 힘이 듭니다.	忙しいですから 大変です。 いそが たいへん 이소가 시 ― 데 스 카 라 타이헨― 데 스
덥기 때문에 힘이 듭니다.	暑いですから 大変です。 あつ たいへん
예쁘기 때문에 좋아합니다.	きれいですから 好きです。 す

4. 명사로(이유·원인) 형용사 합니다.

> 「大変」은「대단함·굉장함·힘듦·고생스러움」등의 다양한 뉘앙스로 사용돼요. 예문 이외에도, 타인이 겪고 있는 어려운 처지나 고생에 대해서「그거 큰일이네요. 힘드시겠어요」라는 뉘앙스로 자주 사용돼요.

일로 바쁩니다.	仕事で 忙しいです。 し ごと いそが 시 고토 데 이소가 시 ― 데 스
시험으로 바쁩니다.	テストで 忙しいです。 いそが
업무로 힘이 듭니다.	仕事で 大変です。 し ごと たいへん

5. 명사 같은 것이 형용사 합니다.

> 「なんか」는「など(등)」의 회화체에요. 불특정한 어떤 것을 설명하는 말로, 명사 뒤에 붙여서「～등·～따위·～같은 것·그러한 것」등의 의미로 사용돼요. 또「なんか」뒤에 오는 격조사「が(이·가)」는 생략할 수 있어요.

라면 같은 것(이) 좋습니다.	ラーメンなんか(が) いいです。 라 ― 멘 ― 난 ― 카 (가) 이 ― 데 스
이런 것(이) 귀엽습니다.	これなんか(が) かわいいです。
주말 같은 때(가) 한가합니다.	週末なんか(が) 暇です。 しゅうまつ ひま

92

 실력 굳히기

아래의 문장들을 일본어로 바꾸어 보세요.

●●● 일단 입으로 소리 내서 발음해 본 다음, 자신의 발음을 히라가나로 적으세요.

1 바쁘십니까?

2 좋습니까?

3 조용합니까?

4 바빠서(바쁘기 때문에) 힘이 듭니다.

5 성실해서(성실하기 때문에) 좋아합니다.

6 일로 바쁩니다.

7 감기로 힘이 듭니다.

8 라면 같은 것이 좋습니다.

정답 1 お忙しいですか。   2 いいですか。   3 静かですか。
     4 忙しいですから 大変です。   5 真面目ですから 好きです。   6 仕事で 忙しいです。
     7 かぜで たいへんです。   8 ラーメンなんか(が) いいです。

 한자 익히기

しょく　じ **食　事** 먹을 식　일 사 식사	食 事
しゅう　まつ **週　末** 돌 주　끝 말 주말	週 末
あつ **暑い** 더울 서 (날씨) 덥다	暑い
ひま **暇だ** 겨를 가 한가하다	暇だ
つめ **冷たい** 찰 랭 차갑다 · 시원하다	冷たい
いそが **忙しい** 바쁠 망 바쁘다 · 분주하다	忙しい
たい　へん **大変だ** 큰 대 변할 변 힘들다 · 고생스럽다	大変だ
すず **涼しい** 서늘할 량 (바람)시원하다	涼しい

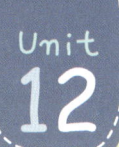

아니요. 그다지 맵지 않아요

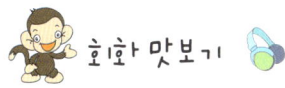 회화 맛보기

인성 お好きな 韓国の 食べ物は 何ですか。
　　 오 스 키 나 캉-코쿠 노　타 베 모 노 와　난 - 데 스 까

유키 ビビンパが おいしいですね。それから、
　　 비 빔 - 빠 가　오 이 시 - 데 스 네　소 레 카 라

　　 キムチなべも 好きです。
　　 키 무 찌 나 베 모　스 키 데 스

인성 キムチは 辛くないですか。
　　 키 무 찌 와　카 라 쿠 나 이 데 스 까

유키 ええ、あまり 辛くないです。とても おいしいです。
　　 에 -　아 마 리　카 라 쿠 나 이 데 스　토 테 모　오 이 시 - 데 스

인성 じゃ、今日は キムチなべは どうですか。
　　 쟈　　쿄 - 와　키 무 찌 나 베 와　도 - 데 스 까

유키 いいですね。
　　 이 - 데 스 네

인성 でも、あまり きれいじゃない お店ですが…。
　　 데 모　아 마 리　키 레 -　쟈 나 이　오 미세 데 스 까

유키 お味は どうですか。おいしいですか、おいしくないですか。
　　 오 아지 와　도 - 데 스 까　오 이 시 - 데 스 까　오 이 시 쿠 나 이 데 스 까

인성 キムチなべで 有名な お店ですから、味は 悪くないです。
　　 키 무 찌 나 베 데　유 - 메 - 나　오 미세 데 스 카 라　아지 와　와루 쿠 나 이 데 스

유키 じゃ、大丈夫です。
　　 쟈　　다 이 쬬 - 부 데 스

인성 좋아하시는 한국 음식은 뭡니까?
유키 비빔밥이 맛있어요. 그리고 김치찌개도
　　 좋아합니다.
인성 김치는 맵지 않습니까?
유키 네, 그다지 맵지 않아요. 아주 맛있
　　 어요.
인성 그럼, 오늘은 김치찌개는 어떠세요?
유키 좋아요.
인성 하지만, 그다지 깨끗하지 않은 가게인
　　 데….
유키 맛은 어때요? 맛이 있나요, 없나요?
인성 김치찌개로 유명한 가게이기 때문에
　　 맛은 나쁘지 않습니다.
유키 그럼 괜찮아요.

なるほど〜!!!

 기본 단어 익히기

- **食(た)べ物(もの)** 음식
  타 베 모 노
- **ビビンバ** 비빔밥의 일본어 표기(비빔빠)
  비 빔 - 빠
- **おいしい** 맛있다
  오 이 시 -

- **それから** 그리고
  소 레 카 라
- **キムチなべ** 김치찌개
  키 무 찌 나 베
- **どうですか。** 어떠세요?
  도 - 데 스 까
- **でも** 하지만(역접조사)
  데 모

- **お店(みせ)** 가게
  오 미 세
- **(お)味(あじ)** 맛
  오 아 지
- **あまり+긍정** 너무 ~하다 / **あまり+부정** 그다지 ~하지 않다
  아 마 리

〈이 Unit의 형용사〉

- **辛(から)い** 맵다
  카 라 이
- **甘(あま)い** 달다
  아 마 이
- **塩辛(しおから)い** 짜다
  시 오 카 라 이

- **大丈夫(だいじょうぶ)だ** 괜찮다
  다 이 죠 - 부
- **嫌(きら)いだ** (대상을)싫어하다, 싫다
  키 라 이 다
- **簡単(かんたん)だ** 간단하다
  칸 - 탄 - 다

 회화 표현 익히기

1. イ형용사 하지 않습니다.

맛이 없습니다.	**おいしくないです。** 오 이 시 쿠 나 이 데 스
맵지 않습니다.	辛(から)くないです。
좋지 않습니다.	よくないです。

2. ナ형용사 하지 않습니다.

깨끗하지(예쁘지) 않습니다	**きれいじゃないです。** 키 레 - 쟈 나 이 데 스
괜찮지 않습니다.	大丈夫(だいじょうぶ)じゃないです。
간단하지 않습니다.	簡単(かんたん)じゃないです。

3. 형용사하지 않은 명사

| 맵지 않은 김치 | 辛<ruby>から</ruby>くない キムチ
카라쿠나이 키무찌 |

짜지 않은 음식 　塩辛<ruby>しおから</ruby>くない 食べ物<ruby>もの</ruby>

깨끗하지 않은 가게 　きれいじゃない (お)店<ruby>みせ</ruby>

> **그렇구나!** 형용사의 부정형에 명사를 연결하면 「~하지 않은 명사」라는 뜻이 되며, 이때 어미 변화는 일어나지 않아요.

4. 그다지 형용사 하지 않습니다.

| 그다지 맵지 않습니다. | あまり 辛<ruby>から</ruby>くないです。
아마리 카라쿠나이데스 |

그다지 달지 않습니다. 　あまり 甘<ruby>あま</ruby>くないです。

그다지 싫어하지 않습니다. 　あまり きらいじゃないです。

> **그렇구나!** 「あまり+~ない(부정형)」의 형태를 취하면 「그다지 ~하지 않다」라는 뜻을 만들 수 있어요. 일본 사람들은 직접적인 표현보다 완곡한 표현을 선호하기 때문에 부정형이나 이런 완곡한 표현들을 즐겨 사용해요.

5. 형용사 합니까? 형용사 하지 않습니까?

| 맛있습니까? 맛없습니까? | おいしいですか、
오이시-데스카
おいしくないですか。
오이시쿠나이데스카 |

좋습니까? 좋지 않습니까? 　いいですか、よくないですか。

간단합니까? 간단하지 않습니까? 　簡単<ruby>かんたん</ruby>ですか、簡単じゃないですか。

> **그렇구나!** 이 문형을 이용해 형용사의 긍정형과 부정형을 어느 정도 이해했는지 다시 한 번 확인해 보세요. 특히, 「いい」의 부정형 활용에 유의하세요~!!!

 실력 굳히기

아래의 문장들을 일본어로 바꾸어 보세요.

●●● 일단 입으로 소리 내서 발음해 본 다음, 자신의 발음을 히라가나로 적으세요.

1 맛이 없습니다.

2 맵지 않습니다.

3 간단하지 않습니다.

4 짜지 않은 음식

5 깨끗하지 않은 가게

6 그다지 달지 않습니다.

7 그다지 싫어하지 않습니다.

8 좋습니까? 좋지 않습니까?

정답　1 おいしくないです。　　　　2 辛くないです。　　　　　3 簡単じゃないです。
　　　4 塩辛くない 食べ物　　　5 きれいじゃない (お)店　　6 あまり 甘くないです。
　　　7 あまり きらいじゃないです。　8 いいですか。よくないですか。

みせ **店** 가게 점 가게 · 상점	店

た もの **食べ物** 밥 식 만물 물 음식	食べ物

から **辛い** 매울 신 맵다	辛い

あま **甘い** 달 감 달다	甘い

かん たん **簡単だ** 대쪽 간 홑 단 간단하다	簡単だ

きら **嫌いだ** 혐오할 혐 (대상)싫어하다	嫌いだ

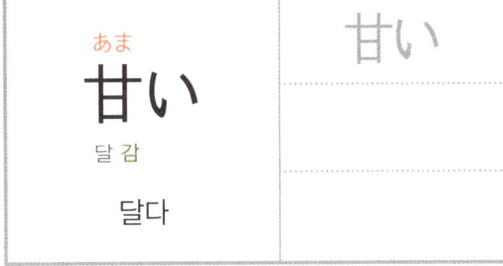

だい じょう ぶ **大丈夫だ** 큰 대 어른 장 지아비 부 괜찮다	大丈夫だ	

Unit 13 매우 명랑하셨었군요

 회화 맛보기

인성 ユキさんは 子供の頃、どんな子でしたか。
유 키 상 - 와 코도모노코로 돈 - 나 코 데 시 타 까

유키 私ですか。そうですね。
와타시 데 스 까 소 - 데 스 네

ㅤㅤ好奇心が 強かったですね。インソンさんは。
ㅤㅤ코 - 키 싱 - 가 쯔요칸 - 타 데 스 네 인 성 상 - 와

인성 僕は いたずらの 好きな 子でした。
보쿠 와 이 타 즈 라 노 스 키 나 코 데 시 타

유키 とても 明るかったんですね。
토 테 모 아카루칸 - 탄 - 데 스 네

인성 ええ、僕の 両親は 心配 でしたけど、
에 - 보쿠노 료 - 싱 - 와 심 - 파이 데 시 타 케 도

ㅤㅤ僕は とても 楽しかったです。
ㅤㅤ보쿠 와 토 테 모 타노시 칸 - 타 데 스

유키 何か 懐かしいですね。
낭 - 카 나쯔카 시 - 데 스 네

인성 유키 씨는 어렸을 적에 어떤 아이였습니까?

유키 저요? 글쎄요. 호기심이 강했어요. 인성 씨는요?

인성 저는 장난을 좋아하는 아이였습니다.

유키 매우 명랑하셨군요.

인성 네, 저의 부모님은 걱정하셨지만, 저는 매우 즐거웠습니다.

유키 어쩐지 그립네요.

 기본 단어 익히기

- 子供(こども)の頃(ころ) 어렸을 적, 어린 시절
  코도모ㅤ ㅤㅤ코로
- 子(こ) 아이
  코
- 好奇心(こうきしん) 호기심
  코 - 키 싱 -
- いたずら 장난
  이 타 즈 라
- 両親(りょうしん) (자신의)부모님
  료 - 싱 -
- ~けど ~하지만, ~이지만
  ~케 도
- 今(いま) 지금
  이 마
- 何(なん)か 왠지, 어쩐지
  낭 - 카

〈이 Unit의 형용사〉

- 強(つよ)い 강하다, 세다
  쯔요이
- 明(あか)るい (빛)밝다, (성격)명랑하다
  아카루이
- 楽(たの)しい 즐겁다, 재미나다
  타노시-
- 懐(なつ)かしい 그립다
  나쯔카시-
- 心配(しんぱい)だ 걱정스럽다, 염려스럽다
  심-파이다
- 立派(りっぱ)だ 훌륭하다
  립-빠다

유키의 어드바이스

이번 Unit에서는 형용사의 과거형을 학습할 거에요. ナ형용사의 과거형은 명사의 과거형과 동일하기 때문에 별 문제가 없는데, イ형용사의 과거형은 조금 달라요. 다른 형제들인 ナ형용사나 명사들처럼 「でした・だった です」를 사용하지 않고 「かった」의 형태를 사용해요. 많은 학습자들이 자주 혼동하는 부분이기도 한데요, 형용사의 과거형에는 절대 「でした」를 연결할 수 없다는 점을 꼭~ 기억하세요. 이렇게 암기해 둘게요~!!! 「형용사는 어제(과거) 날밤 깠다 → 형용사의 과거는 かった」.

 회화 표현 익히기

1. 형용사 했다.

강했습니다.	強(つよ)かった。 쯔요캇 -타
걱정스러웠습니다.	心配(しんぱい)だった。
훌륭했습니다.	立派(りっぱ)だった。

그렇구나! 형용사의 과거는 각각 「イ형용사 かった/ ナ형용사 だった」의 형태로 표현해요. 단 「いい」의 과거형에 유의하세요. 「いかった」가 아니라 「よかった」라고 해야 바른 표현이 되겠지요?

2. 형용사 했습니다.

즐거웠습니다.	楽(たの)しかったです。 타노시캇 -타데스
좋았습니다.	よかったです。
힘들었습니다.	大変(たいへん)だったです。

3. ナ형용사 했습니다. (정중체)

ナ형용사의 과거형은 명사와 동일해요. 즉, 「ナ형용사だでした」나 「ナ형용사だったです」모두로 표현할 수 있어요. 단, 형용사의 과거형은 「イ형용사ヒかったです」로만 표현해야 한다는 점에 유의하세요.

걱정스러웠습니다.	^{しんぱい} **心配でした。** 심-파이 데 시 타
훌륭했습니다.	^{りっぱ} 立派でした。
좋아했습니다.	^す 好きでした。

4. 형용사 했던 명사

ナ형용사의 과거형이 명사에 연결될 때는 반드시 「〜だった 명사」의 형태를 취해요. 「〜でした 명사」라고 할 수 없다는 점에 유의하세요. 참고로 イ형용사는 「〜かった 명사」가 돼요.

강했던 사람	^{つよ}　　　^{ひと} **強かった 人** 쯔요캇 -타 히토
그리웠던 고향	^{なつ}　　　　^{くに} 懐かしかった 国
훌륭했던 부모	^{りっぱ}　　　^{りょうしん} 立派だった 両親

5. 형용사 했지만…

「けど」는 「けれども(〜하지만 · 〜이지만)」의 줄인 형태예요. 종지형(문장이 끝나는 형태)에 연결돼서, 예상되는 결과와 반대의 사실이 일어남을 나타내요.

그리웠습니다만…	^{なつ} **懐かしかったですけど…** 나쯔카시캇 -타데스케 도
좋았습니다만…	よかったですけど…
걱정스러웠지만…	^{しんぱい} 心配でしたけど…

 실력 굳히기

아래의 문장들을 일본어로 바꾸어 보세요.

●●● 일단 입으로 소리 내서 발음해 본 다음, 자신의 발음을 히라가나로 적으세요.

1 강했다.

_____

2 즐거웠습니다.

_____

3 걱정이었습니다.(회화체)

_____

4 힘들었습니다.(정중체)

_____

5 그리웠던 고향

_____

6 훌륭했던 부모님

_____

7 그리웠습니다만…

_____

8 걱정이었습니다만…

_____

정답 1 強かった。　　　　2 楽しかったです。　　　　3 心配だったです。
　　　4 大変でした。　　　5 懐かしかった 国　　　　6 立派だった 両親
　　　7 懐かしかったですが…　8 心配でしたが…

両 親 <small>りょう　しん</small> <small>두 량　친할 친</small> (자신의) 부모님	両 親

強い <small>つよ</small> <small>강할 강</small> 강하다 · 세다	強い

明るい <small>あか</small> <small>밝을 명</small> 밝다 · 명랑하다	明るい

楽しい <small>たの</small> <small>즐길 락</small> 즐겁다 · 재미나다	楽しい

懐かしい <small>なつ</small> <small>품을 회</small> 그립다	懐かしい

心配だ <small>しん　ぱい</small> <small>마음 심 아내 배</small> 걱정스럽다 · 염려스럽다	心配だ

立派だ <small>りっ　ぱ</small> <small>설 립 물갈래 파</small> 훌륭하다	立派だ

今 <small>いま</small> <small>지금 금</small> 지금 · 현재	今

Unit 14

성실했고, 멋있었습니다

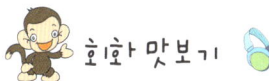 회화 맛보기

인성 ユキさんの 初恋の 相手は どんな 人でしたか。
유키 상 ─ 노 하쯔코이노 아이테 와 돈 ─ 나 히토 데 시 타 까

유키 真面目だったし、格好も よかったんです。
마 지메 닫 ─ 타 시 칵 ─ 코 ─ 모 요 칸 ─ 탄 ─ 데 스

インソンさんは。
인 성 상 ─ 와

인성 彼女は 顔は あまりきれいじゃなかったです。
카노죠 와 카오와 아 마 리 키 레 ─ 쟈 나 칸 ─ 타 데 스

유키 じゃ、優しかったんですね。
쟈 야사시 칸 ─ 탄 ─ 데 스 네

인성 いや、全然 優しくなかったです。
이 야 젠 ─ 젠 ─ 야사시 쿠 나 칸 ─ 타 데 스

유키 じゃ どこが 好きだったんですか。
쟈 도 코 가 스 키 닫 ─ 탄 ─ 데 스 까

인성 背が とても 高かったです。
세 가 토 테 모 타카칸 ─ 타 데 스

유키 えっ、背が 高い。
엣 ─ 세 가 타카이

인성 ええ、僕は 子供の 頃、背が あまり 高くなかったんです。
에 ─ 보쿠와 코 도모노 코로 세 가 아 마 리 타카쿠나 칸 ─ 탄 ─ 데 스

유키 あ、それで 背の 高い 彼女が 好きだったんですね。
아 소 레 데 세 노 타카이 카노죠 가 스 키 닫 ─ 탄 ─ 데 스 네

인성 유키 씨의 첫사랑 상대는 어떤 사람이
었습니까?

유키 성실했고, 멋있었어요. 인성 씨는요?

인성 그녀의 얼굴은 그다지 예쁘지 않았습
니다.

유키 그럼 상냥했군요.

인성 아니요. 전혀 상냥하지 않았습니다.

유키 그럼 어디가 좋았어요?

인성 키가 아주 컸습니다.

유키 네? 키가 크다?

인성 네, 저는 어렸을 때, 키가 별로 크지
않았습니다.

유키 아, 그래서 키가 큰 그녀가 좋았던 거
군요.

기본 단어 익히기

- 初恋(はつこい) 첫사랑
  하 쯔 코 이
- 相手(あいて) 상대
  아 이 테
- 顔(かお) 얼굴
  카 오
- 全然(ぜんぜん) (부정 수반) 전혀, 조금도
  젠 - 젠
- 背(せ)が 高(たか)い 키가 크다
  세 가 타 카 이
- ~んです ~한 거에요(문장의 설명 · 강조 용법)
  ~ㄴ 데 스

〈이 Unit의 형용사〉

- 格好(かっこう)いい (외관)멋지다
  칵 - 코 - 이 -
- 高(たか)い (키)크다, (높이)높다
  타 카 이
- 低(ひく)い (키)작다, (높이)낮다
  히 쿠 이
- ハンサムだ 잘생겼다
  한 - 사 무 다
- 素敵(すてき)だ 근사하다, 멋지다
  스 테 키 다
- 地味(じみ)だ 수수하다, 검소하다
  지 미 다

 회화 표현 익히기

1. 형용사 하지 않았다.

그렇구나!
형용사의 과거부정은 각각 「イ형용사くなかった/ナ형용사だじゃなかった」의 형태로 표현해요.

| (키)크지 않았다. | 高^{たか}くなかった。 |

高(たか)くなかった。
타카 쿠 나 칸 - 타

(키)작지 않았다. 低(ひく)くなかった。

잘생기지 않았었다. ハンサムじゃなかった。

2. 전혀 형용사 하지 않았다.

그렇구나!
부사 「全然」은 뒤에 부정을 수반해서 「전혀 · 조금도」라는 뜻으로 사용돼요.

전혀 상냥하지 않았다. 全然(ぜんぜん) 優(やさ)しくなかった。
젠 - 젠 야 사 시 쿠 나 칸 - 타

전혀 좋지 않았다. 全然(ぜんぜん) よくなかった。

전혀 성실하지 않았다. 全然(ぜんぜん) 真面目(まじめ)じゃなかった。

3. 형용사 하지 않았습니다.(보통체)

멋지지 않았습니다.	格好 よくなかったです。 かっこう 칵-코-요쿠나칸-타데스
상냥하지 않았습니다.	優しくなかったです。 やさ
근사하지 않았습니다.	素敵じゃなかったです。 す てき

그렇구나!
「格好いい」의 「いい」는 「좋다」는 의미를 가진 형용사 「いい」와 똑같아요. 따라서 과거부정형은 「よくなかったです」라고 해야 해요.

4. 명사는 ナ형용사 하지 않았습니다.(정중체)

나는 성실하지 않았습니다.	私は 真面目じゃありませんでした。 まじめ 와타시와 마지메 쟈 아리마셍-데시타
그는 잘생기지 않았었습니다.	彼はハンサムじゃありませんでした。 かれ
그녀는 수수하지 않았습니다.	彼女は 地味じゃありませんでした。 かのじょ じみ

그렇구나!
ナ형용사의 과거 부정형도 명사의 활용과 동일해요. 즉, 「ナ형용사だじゃなかったです」나「ナ형용사だじゃありませんでした」 모두로 표현할 수 있어요.

5. 형용사 하지 않았던 명사

키가 크지 않았던 사람	背が 高くなかった 人 せ たか ひと 세 가 타카쿠나칸-타 히토
자상하지 않았던 그	優しくなかった 彼 やさ かれ
좋아하지 않았던 노래	好きじゃなかった 歌 す うた

그렇구나!
イ형용사 いなかった 명사
ナ형용사 だじゃなかった 명사

6. 형용사 했고 형용사 했습니다. (병렬 열거)

자상했고 근사했습니다.	優しかったし、素敵だったです。 やさ す てき 야사시칸-타시 스테키닫-타데스
키가 컸고 잘생겼었습니다.	背が高かったし、ハンサムだったです。 せ たか
멋있었고 성실했습니다.	格好よかったし、真面目だったです。 かっこう まじめ

그렇구나!
「し」는 동시적인 두 가지 이상의 사실을 열거하거나, 대립되는 사실을 병렬적으로 연결하는 표현이에요. 우리말로는 「〜하고」라고 해석하면 돼요.

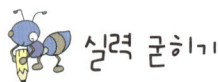 실력 굳히기

아래의 문장들을 일본어로 바꾸어 보세요.

●●● 일단 입으로 소리 내서 발음해 본 다음, 자신의 발음을 히라가나로 적으세요.

1 상냥하지 않았다.

_____

2 잘생기지 않았었다.

_____

3 멋지지 않았습니다.

_____

4 그는 성실하지 않았습니다.

_____

5 그곳은 근사하지 않았습니다.

_____

6 자상하지 않았던 그

_____

7 키가 크지 않았던 나

_____

8 수수했고 예뻤습니다.

_____

정답 1 優しくなかった。　　　　2 ハンサムじゃなかった。　　　　3 格好よくなかったったです。
　　　4 彼は 真面目じゃなかったです。　5 あそこは 素敵じゃなかったです。　6 優しくなかった 彼
　　　7 背が 高くなかった 私(僕)　　8 地味だったし、きれいだったです。

はつ こい **初 恋** 처음 초 사모할 연 첫사랑	初 恋

あい て **相 手** 서로 상 손 수 상대	相 手

ぜん ぜん **全 然** 온전할 전 그러할 연 전혀	全 然

たか **高い** 높을 고 (키)크다 · (높이)높다	高い

ひく **低い** 낮을 저 (키)작다 · (높이)낮다	低い

す てき **素 敵だ** 횔 소 원수 적 근사하다 · 멋지다	素敵だ

じ み **地 味だ** 땅 지 맛 미 수수하다 · 검소하다	地味だ

せ **背** 등 배 신장 · 키	背

영화를 좋아하나요?

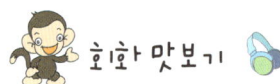 회화 맛보기 🎧

유키 インソンさんは 映画（えいが）が 好（す）きですか。
인 성 상-와 에-가가 스키데스까

인성 ええ、大好（だいす）きですよ。
에 - 다이스키데스요

유키 どんな 映画（えいが）が 好（す）きですか。
돈-나 에-가가 스키데스까

인성 僕（ぼく）は ホラ-映画（えいが）が 一番（いちばん） 好（す）きです。ユキさんは。
보쿠와 호라-에-가가 이찌방- 스키데스 유키상-와

유키 私（わたし）は ホラ-よりは サスペンスの
와타시와 호라-요리와 사스펜-스노

ほうが 好（す）きです。
호-가 스키데스

인성 サスペンスも 悪（わる）くないですね。
사스펜-스모 와루쿠나이데스네

恋愛映画（れんあいえいが）の ほうは どうですか。
렌-아이에-가노 호-와 도-데스까

유키 嫌（きら）いじゃ ありませんが、ストーリ-の 悪（わる）い 恋愛映画（れんあいえいが）は ちょっと…
키라이 쟈 아리마셍-가 스토-리-노 와루이 렌-아이에-가와 쵿-토

인성 そうですね。ストーリ-の よくない 恋愛映画（れんあいえいが）は 退屈（たいくつ）ですね。
소-데스네 스토-리-노 요쿠나이 렌-아이에-가와 타이쿠쯔데스네

유키 ええ、本当（ほんとう）に そうです。
에 - 혼-토-니 소-데스

유키 인성 씨는 영화를 좋아하나요?
인성 네, 매우 좋아합니다.
유키 어떤 영화를 좋아하나요?
인성 저는 호러 영화를 가장 좋아합니다.
유키 씨는요?
유키 저는 호러 영화보다는 서스펜스 쪽을
좋아해요.
인성 서스펜스도 나쁘지 않군요.
로맨스 영화 쪽은 어떠십니까?
유키 싫어하지는 않는데, 스토리가 나쁜 로
맨스 영화는 좀…
인성 그렇죠. 스토리가 안 좋은 로맨스 영
화는 지루하죠.
유키 네, 정말 그래요.

なるほど～!!!

종조사 「～よ」는 상대방이 모르는 새로운 사
실을 알려주거나 자신의 생각 또는 판단 등
을 상대에게 강력하게 주장할 때 사용해요.
따라서 자칫 잘못하면 상대방을 무시하는 말
투로 들릴 수 있으니까 유의해서 사용해야
돼요.

'なるほど～!!!' 는 '그렇구나!!!'
라는 뜻으로 일본에서 많이 쓰이
는 표현이랍니다.

 기본 단어 익히기

- 映画(えいが) 영화
  에 - 가
- 一番(いちばん) 가장
  이 찌 방 -
- 명사より 명사보다
  요 리
- 명사の ほう 명사쪽
  노 호 -

- 気分(きぶん) 기분
  키 붕 -
- サスペンス 서스펜스
  사 스 펜 스
- ホラー 호러
  호 라 -
- ストーリー 스토리, 내용
  스 토 - 리 -

- 恋愛映画(れんあいえいが) 로맨스 영화
  렌 - 아 이 에 - 가
- 本当(ほんとう)に 정말로
  혼 - 토 - 니

〈이 Unit의 형용사〉

- ～が いい ～이 좋다
  ～가 이 -
- ～が 悪(わる)い ～이 나쁘다
  ～가 와 루 이
- ～が ほしい ～을 원하다
  ～가 호 시 -

- ～が 好(す)きだ ～을 좋아하다
  ～가 스 키 다
- ～が 嫌(きら)いだ ～을 싫어하다
  ～가 키 라 이 다
- 退屈(たいくつ)だ 지루하다
  타 이 쿠 쯔 다

- ～が 大好(だいす)きだ ～을 매우 좋아하다
  ～가 다 이 스 키 다

유키의 어드바이스

　일본어에서는 「능력(가능성)·기호(좋고 싫음)·희망(하고 싶음)」 등을 나타내는 표현 앞의 목적조사 「を」를 격조사 「が」로 대체해서 사용해요. 즉, 「いい(좋다)·悪い(나쁘다)·好きだ(좋아하다)·きらいだ(싫어하다)」 등처럼 기호를 나타내는 형용사 앞에서는 반드시 조사 「が」를 사용해야 한다는 뜻이에요. 물론 「いい·悪い」같은 경우에는 우리말로도 「～이 좋다·～가 싫다」라는 식으로 해석되기 때문에 별 문제가 없어요. 하지만 「好きだ·きらいだ」의 경우에는 우리말로 「～을·～를」이라고 해석하면서 조사는 「～이·～가」의 의미를 갖는 「～が」를 붙여야 하기 때문에 조금 혼란스러울 수 있어요. 이런 식으로 조금 특별한 조사를 취하는 활용어들은 「～が 好きだ·～が きらいだ」의 식으로 처음부터 앞에 조사를 달아서 통째로 암기하는 편이 좋아요.

　Unit 14, 15에서는 「능력·기호·희망」 등의 의미를 갖는 형용사들, 즉 조금 특별한 조사를 사용하는 형용사들을 배울텐데요, 조사와 함께 통째로 암기해야 한다는 것을 잊지 마세요～!!!

 회화 표현 익히기

1. 명사가(이) 좋다/나쁘다

스토리가 좋다.	ストーリーが いい。
	스 토 - 리 - 가 　 이 -

기분이 좋다.
気分が いい。
き ぶん

기분이 나쁘다(속이 안 좋다).
気分が 悪い。
き ぶん　わる

그렇구나!

「気分が 悪い」는 우리말의 「기분이 나쁘다」라는 말과는 뉘앙스가 좀 달라요. 원칙적으로 「몸 상태가 안 좋다」는 뜻으로 사용하지만, 본인의 기대와 어긋나는 어떤 결과에 대해서 「(심리적으로) 기분이 나쁘다」는 의미로도 사용할 수 있어요. 참고로 「気分が いい」는 몸 상태와 심리 상태, 모두에 사용해요.

なるほど～!!!

2. 명사를 좋아하다/싫어하다

> **그렇구나!**
>
> 「いい・悪い」는 심리 상태의 좋고 나쁨을 의미하고, 「好きだ・きらいだ」는 어떤 대상을 좋아하고 싫어하는 감정을 나타내요.

당신을 좋아한다.	**あなたが 好きだ。** 아 나 타 가 스 키 다

영화를 좋아한다.   映画が 好きだ。

당신을 싫어한다.   あなたが 嫌いだ。

3. 명사를 좋아(싫어)하십니까?

> **그렇구나!**
>
> 「명사를 좋아(싫어)하세요?」라고 물을 때 존경의 접두사 「お」를 붙이면 좀 더 정중한 표현이 돼요.

영화를 좋아하십니까?	**映画が (お)好きですか。** 에 가 가 오 스 키 데 스 카

한국음식을 좋아하세요?   韓国の 食べ物が (お)好きですか。

김치를 싫어하십니까?   キムチが (お)嫌いですか。

4. 명사를 가장 좋아(싫어)합니다.

> **그렇구나!**
>
> 「一番(いちばん)」은 우리말의 「제일·가장·첫째·일등」 등의 뜻으로 해석돼요. 이번 Unit에서는 「제일·가장」이라는 의미로 사용되고 있어요.

김치를 가장 좋아합니다.	**キムチが 一番 好きです。** 키 무 찌 가 이찌방- 스 키 데 스

로맨스 영화를 가장 좋아합니다.   恋愛映画が 一番 好きです。

이곳을 가장 싫어합니다.   ここが 一番 嫌いです。

5. 명사1보다 명사2쪽을 좋아(싫어)합니다.

> **그렇구나!**
>
> 「～より」와 「～ほう」는 서로 호응하는 표현으로, 우리말로는 「～보다 ～쪽이」로 해석돼요. 단, 「～ほう」는 생략할 수 있어요.

서스펜스보다 로맨스영화 쪽을 좋아합니다.	**サスペンスより 恋愛映画の** 사 스 펜- 스 요리 렌-아이에-가 노 **ほうが 好きです。** 호- 가 스 키 데 스

일본음식보다 한국음식 쪽을
좋아합니다.   日本の 食べ物より 韓国の 食べ物の
ほうが 好きです。

여자보다 남자를 싫어합니다.   女の人より 男の人の ほうが 嫌いです。

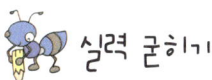 실력 굳히기

아래의 문장들을 일본어로 바꾸어 보세요.

●●● 일단 입으로 소리 내서 발음해 본 다음, 자신의 발음을 히라가나로 적으세요.

1 기분이 좋다.

2 속이 안 좋다.

3 당신을 좋아한다.

4 영화를 싫어한다.

5 한국음식을 좋아하세요?

6 로맨스 영화를 가장 좋아합니다.

7 이곳을 가장 좋아합니다.

8 일본음식보다 한국음식을 좋아합니다.

정답 1 気分が いい。　　　2 気分が 悪い。　　　3 あなたが 好きだ。
4 映画が きらいだ。　　　5 韓国の 食べ物が (お)好きですか。　　　6 恋愛映画が 一番 好きです。
7 ここが 一番 好きです。　　　8 日本の 食べ物より 韓国の 食べ物の ほうが 好きです。

映 画 えい が 비출 영　그림 화 영화	映 画
一 番 いち ばん 한 일　갈마들 번 가장 · 제일	一 番
気 分 き ぶん 기운 기　나눌 분 기분 · 속	気 分
恋 愛 れん あい 사모할 련　사랑 애 연애	恋 愛
本 当 ほん とう 밑 본　당할 당 정말 · 진짜	本 当
大好きだ だい す 큰 대 좋을 호 매우 좋아하다	大好きだ
退屈だ たい くつ 물러날 퇴 굽을 굴 지루하다 · 따분하다	退屈だ
嫌いだ きら 혐오할 혐 싫어하다	嫌いだ

일본어를 매우 잘하시네요

 호화맛보기

유키 インソンさんは 日本語^{に ほん ご}が
인 성 상 - 와 니홍 - 고 가

とても お上手^{じょう ず}ですね。
토 테 모 오죠 - 즈 데 스 네

인성 いや、そんな こと ないです。
이 야 손 - 나 코 토 나 이 데 스

ありがとうございます。
아 리 가 토 - 고 자 이 마 스

유키 英語^{えい ご}も お上手^{じょう ず}なんですか。
에 - 고 모 오 죠 - 즈 난 - 데 스 까

인성 いいえ、英語^{えい ご}は 下手^{へ た}です。ユキさんは 英語^{えい ご}は うまいですね。
이 - 에 에 - 고 와 헤 타 데 스 유 키 상 - 와 에 - 고 와 우 마 이 데 스 네

유키 いいえ、まだまだです。でも 英語^{えい ご}の 勉強^{べん きょう}は とても 楽^{たの}しいです。
이 - 에 마 다 마 다 데 스 데 모 에 - 고 노 벵 - 쿄 - 와 토 테 모 타 노 시 - 데 스

인성 僕^{ぼく}は 英語^{えい ご}は どうも 苦手^{に がて}なんです。
보 쿠 와 에 - 고 와 도 - 모 니 가 테 난 - 데 스

유키 でも、韓国語^{かん こく ご}は もっと 難^{むずか}しいですよ。
데 모 캉 - 코 쿠 고 와 몯 - 토 무즈카 시 - 데 스 요

인성 そうですか、僕^{ぼく}は 韓国語^{かん こく ご}が 一番^{いち ばん} 得意^{とく い}なんです。
소 - 데 스 까 보 쿠 와 캉 - 코 쿠 고 가 이찌 방 - 토 쿠 이 난 - 데 스

유키 だって、インソンさんは 韓国人^{かん こく じん}ですもの。
닫 - 떼 인 성 상 - 와 캉 - 코 쿠 징 - 데 스 모 노

유키 인성 씨는 일본어를 매우 잘하시네요.
인성 아니요, 그렇지 않습니다. 고맙습니다.
유키 영어도 잘하세요?
인성 아니요, 영어는 서툽니다.
　　 유키 씨는 영어를 잘하시죠.
유키 아니요. 아직도 멀었습니다. 하지만
　　 영어 공부는 아주 즐거워요.
인성 저는 영어는 어쩐지 벅찹니다.
유키 하지만, 한국어는 훨씬 어려운 걸요.
인성 그래요? 저는 한국어가 가장 자신 있
　　 습니다.
유키 하지만, 인성 씨는 한국인인 걸요.

なるほど～!!!

 기본 단어 익히기

- 日本語(にほんご) 일본어
  니 홍 ─ 고
- 英語(えいご) 영어
  에 ─ 고
- まだまだです 아직도 멀었습니다
  마 다 마 다 데 스

- 勉強(べんきょう) 공부
  벵 ─ 쿄 ─
- どうも 아무리 해도
  도 ─ 모
- でも 하지만, 그러나
  데 모
- もっと 훨씬
  몯 ─ 토

- 運転(うんてん) 운전
  운 ─ 텡 ─
- 料理(りょうり) 요리
  료 ─ 리
- 夏(なつ) 여름
  나 쯔

- そんな こと ないです 그렇지 않습니다.
  손 ─ 나 코토 나이 데 스
- だって~もの (여성어) 하지만, ~한 걸 뭐(~한 걸요)
  닫 ─ 떼 ~모 노

〈이 Unit의 형용사〉

- ~が うまい (남성어) ~을 잘하다
  ~가 우 마 이
- 楽(たの)しい 즐겁다, 재미있다
  타 노 시 ─
- 難(むずか)しい 어렵다
  무 즈 카 시 ─

- ~が 上手(じょうず)だ ~을 잘하다
  ~가 죠 ─ 즈 다
- ~が 下手(へた)だ ~을 잘 못하다
  ~가 헤 타 다
- ~が 得意(とくい)だ ~을 특히 잘하다
  ~가 토 쿠 이 다

- ~が 苦手(にがて)だ ~이 서투르다, 벅차다, 다루기 어렵다
  ~가 니 가 테 다

유키의 어드바이스

능력을 나타내는 형용사에는 「~がうまい・~が上手だ・~が下手だ・~が得意だ・~が苦手だ」 등이 있어요. 이들은 모두 「~를 잘하다・못하다」의 뉘앙스로 사용되지만, 자세히 살펴보면 약간의 차이점이 있어요. 먼저 「うまい」가 능력을 나타나는 표현, 즉 「잘하다(=上手だ)」라는 의미를 가질 때는 남녀 모두 쓸 수 있지만, 「上手だ」보다 조금 덜 공손한 표현이 돼요. 다음으로 「~が 上手だ・~が下手だ」는 어떤 능력을 평가하는 가장 일반적인 표현이라고 할 수 있어요. 마지막으로 「~が得意だ」는 잘하는 것 중에서도 「특히・가장 잘하는 무엇」이라는 뉘앙스를 가져요. 「~が苦手だ」는 특히 잘 못하는 어떤 능력뿐만 아니라 자신과 궁합이 잘 맞지 않는 상대, 음식, 계절 등 좀 더 폭넓은 범위에서 사용돼요.

 회화 표현 익히기

1. 명사를(을) 잘한다./명사가(이) 능숙하다.

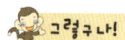 그렇구나!

일반적으로 「うまい」는 「맛있다」는 뜻의 남성어이지만, 어떤 능력을 평가하는 의미로 「잘한다・능숙하다」라는 의미를 가질 때는 남자와 여자 모두 사용할 수 있어요. 이 표현은 「上手だ」와 호환해서 사용되기도 해요.

일본어를 잘한다.

日本語が うまい(上手だ)。
니 홍 ─ 고 가 우 마 이 죠 ─ 즈 다

영어를 잘한다.

英語が うまい(上手だ)。

노래를 잘한다.

歌が うまい(上手だ)。

116

なるほど～!!!

2. 명사를(을) 잘하세요?

요리를 잘하세요?
お料理が お上手(なん)ですか。
오료-리가 오죠즈 난-데스까

노래를 잘하세요?
歌が お上手(なん)ですか。

일본어를 잘하세요?
日本語が お上手(なん)ですか。

> **그렇구나!**
> 존경의 접두사 「お」를 붙여서 「お上手(なん)ですか」라고 하면 상대방의 능력을 묻는 좀 더 정중한 표현이 돼요. 또 의문사 뒤에 위치하는 「なん」은 문장, 즉 질문을 강조하는 역할을 해요.

3. 명사를(을) 잘 못합니다. / 명사가(이) 서투릅니다.

영어를 잘 못합니다.
英語が 下手です。
에-고 가 헤타데스

일본어를 잘 못합니다.
日本語が 下手です。

운전이 서툽니다.
運転が 下手です。

4. 명사를(을) 잘 못한다. / 명사가(이) 잘 안 맞는다.

일본어를 (특히) 잘 못한다.
日本語が 苦手だ。
니 홍-고 가 니가테 다

여름이 잘 안 맞는다.
夏が 苦手だ。

요리는 (특히) 잘 못한다.
料理が 苦手だ。

> **그렇구나!**
> 「～が 苦手だ」는 「특히 잘 못하는 어떤 능력」을 가르키는 말이에요. 「～が 苦手だ」는 비단 어떤 능력뿐 아니라, 다루기 벅찬 상대나 자신과 궁합이 잘 맞지 않는 대상에게도 사용할 수 있어요.

5. 명사는(은) 아무리 해도(어쩐지) 잘 못합니다. (잘 안 맞습니다·상대하기 벅찹니다)

영어는 아무리 해도 잘 못합니다.
英語は どうも 苦手なんです。
에-고 와 도-모 니가테 난-데스

한국음식은 어쩐지 잘 안 맞습니다.
韓国の 食べ物は どうも 苦手なんです。

여자는 어쩐지 상대하기 벅찹니다.
女の 人は どうも 苦手なんです。

> **그렇구나!**
> 격조사 「は」는 이따금 대상을 한정하는 한정의 역할을 하기도 해요.

117

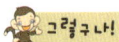

6. 명사를(을) 가장 잘합니다./명사가 최고 특기입니다.

그렇구나!

「ナ형용사·명사 + なんです」의 형태로 사용하는데, 이때 「なんです」는 상태를 설명하거나 강조하는 역할을 해요. 참고로 「得意だ」는 3, 4번째 문장처럼 「특기이다」라는 뜻으로 사용되기도 해요.

영어를 가장 잘합니다.	英語が 一番 得意(なん)です. 에-고 가 이찌방- 토쿠이 난 - 데 스

요리가 최고 특기입니다. 料理が 一番 得意(なん)です.

노래가 최고 특기입니다. 歌が 一番 得意(なん)です.

 실력 굳히기

아래의 문장들을 일본어로 바꾸어 보세요.

●●● 일단 입으로 소리 내서 발음해 본 다음, 자신의 발음을 히라가나로 적으세요.

1 일본어를 잘한다.

_____

2 영어를 잘하세요?

_____

3 한국어가 서툽니다.

_____

4 여름은 어쩐지 잘 안 맞습니다.

_____

5 일본어를 가장 잘합니다.

_____

정답   1 日本語が うまい。　　2 英語が お上手ですか。　　3 韓国語が 下手です。
　　　 4 夏は どうも 苦手なんです。　　5 日本語が 一番 得意です。

 한자 익히기

べん きょう **勉 強** 힘쓸 면　굳셀 강 공부	勉 強

りょう　り **料 理** 되질할 료　다스릴 리 요리	料 理

むずか **難しい** 어려울 난 어렵다	難しい

じょう　ず **上手だ** 윗 상　손 수 능숙하다 · 잘하다	上手だ

へ　た **下手だ** 아래 하　손 수 서투르다 · 잘 못하다	下手だ

にが　て **苦手だ** 쓸 고　손 수 상대하기 벅차다	苦手だ

とく　い **得意だ** 얻을 득　뜻 의 (특히)잘하다 · 특기이다	得意だ

ふゆ **冬** 겨울 동 겨울	冬

です집안 총정리

그동안 Part 1과 2를 통해서 「です집안」에 대한 기본인 개념과 역할, 그리고 그 활용 등을 공부했어요. 다음 단계인 「ます집안」으로 넘어가기에 앞서, 다시 한 번 「です집안」에 대한 내용들을 정리해 볼게요. 그동안 배운 내용에 대한 전체 요약이라고 할 수 있으니까, 복습한다는 기분으로 차분하게 살펴보세요.

ⓐ です집안의 어미 활용표

한국어	형용사	ナ형용사	명사
~하다	~い	~だ	명사だ
~한(체언 수식)	イ형용사 + 명사	★ ナ형용사だ な 명사	명사 の 명사
~합니다	イ형용사 です ★ いい는 'よい'로 활용	ナ형용사だ です	명사 です
~하지 않습니다. 　보통체 　정중체 　문어체	イ형용사い くないです =くありません	ナ형용사だ じゃないです =じゃありません =ではありません	명사 じゃないです =じゃありません =ではありません
~했습니다 　보통체 　정중체	★ イ형용사い かったです	ナ형용사だ だったです =でした	명사 だったです =でした
~하지 않았습니다 　보통체 　정중체 　문어체	イ형용사い くなかったです =くありませんでした	ナ형용사だ じゃなかったです =じゃありませんでした =ではありませんでした	명사 じゃなかったです =じゃありませんでした =ではありませんでした

ⓐ 능력·기호를 나타내는 형용사들

	イ형용사	ナ형용사
기 호 표 현	~が いい / 悪い	~が 好きだ / 嫌いだ
능 력 표 현	~が うまい	~が 上手だ / 下手だ 苦手だ / 得意だ

그동안 학습한 형용사 총정리

イ형용사	의미	ナ형용사	의미
かわいい	귀엽다	きれいだ	예쁘다 · 깨끗하다
優(やさ)しい	상냥 · 자상 · 친절하다	有名(ゆうめい)だ	유명하다
おいしい	맛있다	真面目(まじめ)だ	성실하다
まずい	맛없다	親切(しんせつ)だ	친절하다
大(おお)きい	(크기)크다	静(しず)かだ	조용하다 · 차분하다
小(ちい)さい	(크기)작다	賑(にぎ)やかだ	번화하다
面白(おもしろ)い	재미있다	退屈(たいくつ)だ	지루하다 · 따분하다
暑(あつ)い	(날씨)덥다	国際的(こくさいてき)だ	국제적이다
凉(すず)しい	(날씨)시원하다 · 서늘하다	大変(たいへん)だ	큰일이다 · 힘들다
冷(つめ)たい	차갑다 · 시원하다	暇(ひま)だ	한가하다
忙(いそが)しい	바쁘다 · 분주하다	大丈夫(だいじょうぶ)だ	괜찮다
辛(から)い	맵다	簡単(かんたん)だ	간단하다
甘(あま)い	달다	心配(しんぱい)だ	걱정이다
塩辛(しおから)い	짜다	立派(りっぱ)だ	훌륭하다
強(つよ)い	강하다 · 세다	素敵(すてき)だ	근사하다 · 멋지다
明(あか)るい	(밝기)밝다 · (성격)명랑하다	地味(じみ)だ	수수하다
楽(たの)しい	즐겁다 · 재미있다	ハンサムだ	잘생겼다
懐(なつ)かしい	그립다		
高(たか)い	(높이)높다 · (키)크다 · 비싸다		

능력 · 기호 · 희망의 형용사들			
~が 好(す)きだ	~을 좋아하다	~が 大好(だいす)きだ	~을 매우 좋아하다
~が 嫌(きら)いだ	~을 싫어하다	~が 上手(じょうず)だ	~을 잘하다. 능숙하다
~が ほしい	~을 원하다	~が 下手(へた)だ	~을 잘 못하다. 서투르다
~が うまい	~을 잘하다	~が 得意(とくい)だ	~을 특히 잘하다. 특기이다
~が いい	~이 좋다	~が 苦手(にがて)だ	~을 잘 못하다. 벅차다
~が 悪(わる)い	~이 나쁘다		

PART 3

동사를 만나기 100m 전

동사를 본격적으로 학습하기에 앞서 먼저 해결해야 할 문제들이 있는데요, 바로 50음도와 동사의 종류에 관한 부분이에요. 왜 50음도와 동사의 종류를 알아야 하는지에 대해서는 각 unit에 자세히 설명하기로 하고, 여기에서는 일단 우리가 동사를 만나기 위해 준비해야 할 몇 가지 기본 지식들을 익혀둘 게요. 준비 되었지요? 그럼 시작합니다.

独学で学ぶ 日本語会話の第一歩

동사를 만나기100m 전

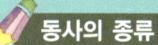
동사의 종류

- 1 group 동사   • 예외 1 group 동사   • 2 group 동사   • 3 group 동사

동사의 종류

01 50음도 : 「행」은 자음소리를 기준으로 하고 「단」은 모음 소리를 기준으로 한다.

02 동사의 어미 : 모든 동사는 「ウ(우)」단으로 끝나며 각 어미는 5단으로 활용을 한다.

03 동사의 종류 : 각 활용에 따라서 1 group 동사(예외 동사), 2 group 동사, 3 group 동사로 나뉜다.

04 동사의 구분 : 1. 「る」로 끝났는지, 아닌지
　　　　　　　　2. 「る」「イ단 or え단」이 오는지, 아닌지
　　　　　　　　3. 예외동사인지 아닌지
　　　　　　　　4. 3그룹 동사인지 아닌지에 따라서 그룹이 달라진다.

50음도란?

	A행	Ka행	Sa행	Ta행	Na행	Ha행	Ma행	Ya행	Ra행	Wa행
A단	あ	か	さ	た	な	は	ま	や	ら	わ ん
I단	い	き	し	ち	に	ひ	み	(い)	り	(い)
U단	う	く	す	つ	ぬ	ふ	む	ゆ	る	(う)
E단	え	け	せ	て	ね	へ	め	(え)	れ	(え)
O단	お	こ	そ	と	の	ほ	も	よ	ろ	を

50음도

50음도란 영어의 알파벳처럼 히라가나(가타카나)를 구성하는 글자를 말해요. 모두 50개의 음으로 구성되어 있다고 해서 50음도라고 부르지요. 하지만 일본인들이 실제로 사용하는 히라가나는 모두 46개뿐이에요. 왜냐하면 「Ya행」과 「Wa행」에 중복되는 글자들이 있기 때문이에요.

50음도의 「행」과 「단」

일본어의 50음도에는 「행」과 「단」이라는 것이 존재해요. 쉽게 말해서 자음의 소리를 기준으로 하는 것을 「행」이라 하고, 모음의 소리를 기준으로 하는 것을 「단」이라 해요.

일본어에는 「あ・い・う・え・お」 모두 5개의 모음이 있어요. 즉, 50음도에는 5개의 단이 있다는 뜻이지요. 반대로 일본의 자음은 모두 10개니까요. 50음도의 행은 「あ・か・さ・た・な・は・ま・や・ら・わ」 모두 10개가 되겠지요?

50음도의 「행」과 「단」을 알아야 하는 이유

일본어의 동사를 익히려면 「행」과 「단」의 개념을 확실히 알아야 해요. 왜냐하면 일본어의 동사는 5단으로 어미활용을 하기 때문이지요. 앞으로 동사를 학습하면서 「행」과 「단」이라는 말을 자주 접하게 될 텐데요, 동사를 제대로 활용하기 위해서는 반드시 숙지하고 있어야 할 부분이에요.

이때, 「단」은 모음 소리를 기준으로 한다고 했으니까 「ㅏ・ㅣ・ㅜ・ㅔ・ㅗ」로 간단히 암기할 수 있지만 10개나 되는 행은 쉽지가 않지요? 이렇게 암기해 볼게요. 「아가 / 사다나 / 하마야 / 라와 / 놀자 / 응 → あ・か / さ・た・な / は・ま・や / ら・わ・ん」, 쉽게 암기할 수 있을 거에요.

동사랑 일촌 맺기

최근 남녀노소를 불문하고 아주 인기 있는 문화 가운데 '싸이 문화'가 있지요? 이 '싸이 문화'의 가장 큰 특징이 바로 '일촌 맺기'가 아닐까 싶어요. 싸이월드에서는 일촌을 맺지 않으면 상대에 대한 정보를 마음대로 볼 수 없거든요. 일본어의 동사도 마찬가지예요. 그래서 이번 Unit에서는 동사와 일촌을 맺기 위해 필요한 사전지식에 대해 학습해 보기로 할게요.

일본어 동사의 어미

일본어 동사의 어미는 동사의 맨 끝 글자에 해당하며 모두 「ウ(우)」단으로 이루어져 있어요. 즉, 일본어 동사는 「う・く(ぐ)・す・つ・ぬ・ふ(ぶ)・む・る」중 어느 한 글자로 끝나야 한다는 뜻이에요. 단, 「ゆ」로 끝나는 동사는 존재하지 않기 때문에 제외시키도록 할게요.

아래의 표를 보면 다양한 동사들이 있는데요, 뜻은 일단 무시하고 생김새를 잘 살펴보면 정말 모두 「ウ(우)」단으로 끝난다는 사실을 알 수 있어요.

일본어의 동사들

어미	해당 동사	어미	해당 동사
う	買う 言う 洗う	ぬ	死ぬ
く(ぐ)	行く 書く 泳ぐ	ふ(ぶ)	遊ぶ 呼ぶ 飛ぶ
す	話す 押す 貸す	む	読む 飲む 休む
つ	立つ 待つ 持つ	る	帰る 食べる 来る

なるほど～!!!

「ふ」로 끝나는 동사는 없어요. 그 대신 「ふ」의 탁음인 「ぶ」로 끝나는 동사들이 존재해요.

일본어 동사의 종류

'싸이 문화'에서는 개개인의 친밀도에 따라 '촌수'를 구분하는데요, 일본어 동사는 각 활용에 따라 '촌수(=그룹)'를 구분해요.

원래 일본어 동사에는 '5단 동사, 상1단 동사, 하1단 동사, カ행 변격 동사, サ행 변격동사' 등 모두 5종류가 있어요. 그런데 최근에는 학습자들의 이해를 돕기 위해 1그룹 동사(5단 동사), 2그룹 동사(상1단 · 하1단 동사), 3그룹 동사(변격 동사) 등 3그룹으로 분류하고 있지요. 유키도 앞으로 이 명칭을 사용할 거니까, 잘 기억해 두세요~!!!

ⓖ 그룹별 동사의 특징

동사의 종류에 대한 설명에서 각 활용에 따라 동사의 그룹을 분류한다고 했는데요, 그럼 각 그룹의 특징은 무엇이며 거기에 해당하는 동사에는 어떤 것이 있는지 알아보기로 해요.

그룹	특징	예
1그룹 동사	「る」로 끝나지 않은 모든 동사들	会_あう(만나다) · 行_いく(가다) · 話_{はな}す(이야기하다)
	어미가 「る」로 끝나되, 「る」 앞에 「イ단 또는 エ단」이 오지 않는 동사들	終_{おわ}る(끝나다) · かかる(걸리다) · 上_あがる(올라가다)
	★★★ 예외 동사 생김새는 2그룹 동사인데 활용은 1그룹으로 하는 동사들	帰_{かえ}る(귀가하다) · 要_いる(필요하다) · 入_{はい}る(들어가다) · 走_{はし}る(달리다) · 切_きる(자르다) · 知_しる(알다)
2그룹 동사	어미가 「る」로 끝나고, 「る」 앞에 「イ단 또는 エ단」이 오는 동사들	食_たべる(먹다) · 起_おきる(기상하다) · 開_あける(열다)
3그룹 동사	불규칙 동사	来_くる(오다) · する(하다)

なるほど~!!!
예외 동사에 해당하는 단어들은 무조건 암기해야 해요. 약 40여 개 정도로 추정되는데, 이들 가운데 자주 쓰이는 동사는 20~30개예요. 우리는 일단 기초적인 6총사(표 참조)를 암기하도록 할게요.

ⓖ 그룹을 구별하는 방법

일본어 동사와 친해지기 위해서는 일단 각 동사가 속한 그룹을 빨리 판단해야 해요. 이 부분은 가장 기초적이면서도 동사를 잘 다루기 위한 핵심이라고 할 수 있어요. 그룹 판단에 너무 오랜 시간이 걸리거나 어떤 그룹인지 헷갈려서 한참 망설여야 한다면, 동사의 어미 활용 단계에서는 더욱 혼란스러울 수밖에 없어요. 또 이것은 회화실력으로 직결되기 때문에 절대 대충 넘어가지 말고 시간을 투자해서라도 충분히 익숙해질 때까지 연습을 해야 해요.

아래의 표를 참조로 각 동사가 속한 그룹을 구별하는 연습을 해보세요.
다시 한 번 강조하지만, 시간을 투자해서 충분히 익숙해질 때까지 연습해야 해요~!!!

1 단계	2 단계	3 단계	결과
	「る」로 끝나지 않는다		
	「る」 앞에 「イ단 또는 エ단」이 오지 않는다		1그룹 동사
「る」로 끝난다	「る」 앞에 「イ단 또는 エ단」이 온다	★ 예외 동사이다	
		예외 동사가 아니다	2그룹 동사

🌀 실력 굳히기

아래의 표를 보고 각 동사가 어느 그룹에 해당하는지를 숫자로 써 넣어 보세요.

그룹	동사	의미	그룹	동사	의미
	会(あ)う	만나다		遊(あそ)ぶ	놀다
	言(い)う	말하다		居(い)る	(사람)있다
	要(い)る	필요하다		起(お)きる	일어나다
	泳(およ)ぐ	수영하다		覚(おぼ)える	외우다
	切(き)る	자르다		降(お)りる	내리다
	消(け)す	끄다		買(か)う	사다
	困(こま)る	곤란하다		帰(かえ)る	귀가하다
	する	하다		書(か)く	쓰다
	取(と)る	집다		来(く)る	오다
	寝(ね)る	자다		住(す)む	살다

정답 왼쪽부터 아래로 정렬 1. 1. 1. 1. 1. 1. 1. 3. 1. 2. 1. 2. 2. 2. 2. 1. 1. 1. 3. 1

자, 여기까지 준비됐다면 이제 동사와 일촌을 맺는 것은 시간문제라고 할 수 있어요.
그럼 지금부터 본격적인 「ます」집안 탐색에 나서보기로 할까요?

PART 4

ます집안의 외동딸 "동사"

동사는 사물의 동작이나 작용을 나타내는 품사예요. 형용사, 서술격 조사와 함께 활용하며, 그 뜻과 쓰임에 따라 본동사와 보조동사, 성질에 따라 자동사와 타동사, 어미의 변화 여부에 따라 규칙동사와 불규칙동사로 나뉘어요.

이번 Part에서는 동사의 기본적인 활용에 대해 학습하게 될 텐데, 일본어동사는 다양한 어미활용을 하기 때문에 조금 어렵다고 느껴질 수도 있어요. 하지만 part3에서 학습한 50음도와 동사의 그룹핑을 잘 이해했다면 별다른 어려움 없이 동사와 친해질 수 있을 거예요.

자, 그럼 지금부터 동사와 일촌을 맺으러 떠나 볼까요?

独学で学ぶ
日本語会話の第一歩

ます집안의 외동딸 "동사"

 동사의 생김새

1 group 동사
- 会(あ)う 만나다
- ある (물건·식물) 있다
- 遊(あそ)ぶ 놀다
- 買(か)う 사다
- 歌(うた)う 노래하다
- 持(も)つ 가지다

예외 1 group 동사
- 要(い)る 필요하다
- 入(はい)る 들어가다
- 知(し)る 알다
- 走(はし)る 달리다
- 切(き)る 자르다
- 帰(かえ)る 귀가하다

2 group 동사
- 寝(ね)る 자다
- 見(み)せる 보여주다
- 食(たべ)る 먹다
- 居(い)る (사람·동물)있다
- 見(み)る 보다
- 教(おし)える 가르치다

3 group 동사
- する 하다
- 来(く)る 오다

 ます집안 활용의 급소

01 (사람·동물)이 있습니다 / 없습니다　　います / いません

02 (물건·식물)있습니다 / 없습니다　　あります / ありません

03 동사 합니다.　　동사의 연용형 + ます
　　동사하지 않습니다.　　동사의 연용형 + ません

04 동사 했습니다.　　동사의 연용형 + ました
　　동사하지 않았습니다.　　동사의 연용형 + ませんでした
　　동사 하면서　　동사의 연용형 + ながら

05 동사 하러 갑니다　　동사의 연용형 + に 行きます
　　동사 하러 옵니다　　동사의 연용형 + に 来ます

06 (1·2인칭)동사 하고 싶습니다　　동사의 연용형 + たいです
　　(3인칭)동사 하고 싶어합니다　　동사의 연용형 + たがっています

남자친구가 있습니까?

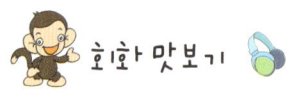 회화맛보기

인성 ユキさんは 彼氏（かれ し）が いますか。

유키 ええ、います。

인성 日本（に ほん）の 方（かた）ですか。

유키 いいえ、韓国人（かん こく じん）です。

인성 じゃ、韓国（かん こく）に いますか。

유키 ええ、韓国（かん こく）に います。

인성 うらやましいですね。
僕（ぼく）は まだ 彼女（かの じょ）が いません。

유키 インソンさんは 優（やさ）しいですから、そのうち できますよ。

인성 だと いいですね。

인성 유키 씨는 남자친구가 있습니까?
유키 네, 있어요.
인성 일본사람입니까?
유키 아니요. 한국사람이에요.
인성 그럼 한국에 있습니까?
유키 네, 한국에 있어요.
인성 부럽네요. 저는 아직 여자친구가 없습니다.
유키 인성 씨는 자상하시니까 금방 생길 거에요.
인성 그럼 좋겠군요.

なるほど~!!!

이제부터는 스스로 히라가나나 한자를 읽는 연습을 해야 해요. 장음 처리나 요음 등에 유의해 천천히 읽고, 잘 안 될 때는 mp3 파일을 반복해서 들은 후에 다시 읽어 보세요~!!!

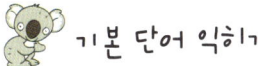 기본 단어 익히기

- 彼氏 (かれし) 남자친구
- 方 (かた) 분(人(ひと))의 공손한 표현)
- うらやましい 부럽다
- まだ 아직

- 彼女 (かのじょ) 그녀, 여자친구
- そのうち 일간, 멀지 않아, 가까운 시일 내에
- せんせい 선생님

- だと (상대의 말을 받아서) 그렇다면, 그럼
- に ~(장소)에
- ちゅうごくじん 중국인

- いぬ 개, 강아지
- ねこ 고양이
- 中 (なか) 안
- 外 (そと) 밖

- 前 (まえ) 앞
- 後ろ (うし) 뒤

〈이 Unit의 동사〉

- います (사람·동물)이 있습니다
- いません (사람·동물)이 없습니다
- できます 생깁니다, 생길 겁니다

유키의 어드바이스

일본어 동사에는 존재 동사라는 것이 있어요. 이 동사들은 이름 그대로 대상의 존재 유무를 나타내는 역할을 하지요. 우리말로는 「있다」라고 해석할 수 있겠죠. 하지만 일본어의 존재동사는 우리말과는 좀 달라요. 우리는 존재 대상에 상관없이 모두 그냥 「있다」라는 동사를 사용하는 반면 일본어는 그 대상이 사람·동물인지, 사물·식물인지에 따라 사용하는 동사가 달라지거든요. 우선 이번 Unit에서는 「います/いません」에 대해 학습하게 될 텐데요, 이 동사는 자신이 주체적으로 이동할 수 있는 대상, 즉 사람이나 동물의 존재 여부를 나타내요.

 회화 표현 익히기

1. 사람·동물 이(가) 있습니까?

남자친구가 있습니까?

彼氏 (かれし) が いますか。
카레시 가 이마스 까

그렇구나!

「匹(びき)」는 동물을 세는 단위로 1·3·6·8·10에서 발음의 변화가 일어나요. 즉, 「입-삐끼いっぴき・니히키にひき・상-비키さんびき・욘-히키よんひき・고히키ごひき・롭-삐끼ろっぴき・나나히키ななひき・합-삐끼はっぴき・큐-히키きゅうひき・쥽삐끼じゅっぴき・난-비키なんびき」로 세요.

가족이 있습니까?
家族 (かぞく) が いますか。

고양이가 몇 마리 있습니까?
ねこが なん匹 (びき) いますか。

131

なるほど〜!!!

2. 네, 사람·동물이(가) 있습니다.

그렇구나!

사람의 수를 셀 때는 「ひとり・ふたり・さんにん・よにん…なんにん」으로 센다고 했었지요? 기억이 잘 안 나면, Unit 5를 다시 한 번 펴 보세요~!!!

네, 누나가 2명 있습니다.	ええ、姉が ふたり います。
	에ー 아네가 후타리 이마스

네, 일본인 친구가 있습니다. ええ、日本人の 友達が います。

네, 강아지가 1마리 있습니다. ええ、いぬが 一匹 います。

3. 아니요, 사람·동물은(는) 없습니다.

그렇구나!

일본어의 경어체계는 우리와 달라서 자신의 가족에 대해서는 높임말을 사용하지 않는다고 했던 말을 기억나세요? 그냥 우리말 해석만 공손한 말투로 하면 돼요.

아니요, 형제는 없습니다.	いいえ、兄弟は いません。
	이ー에 쿄ー다이와 이마셍ー

아니요, 아이(자식)는 없습니다. いいえ、子供は いません。

아니요, 부모님은 안 계십니다. いいえ、両親は いません。

4. 사람·동물은(는) 장소·위치에 있습니까?

그렇구나!

우리말로 「(장소)에」라는 표현을 만들기 위해 필요한 조사가 「に」예요. 일본어의 존재동사는 이 「に」라는 조사와 자주 붙어 다니니까, 잘 기억해 두세요~!!!

그는 회사에 있습니까?	彼は 会社に いますか。
	카레와 카이샤니 이마스까

부모님은 고향에 계십니까? 両親は 国に いますか。

강아지는 어디에 있습니까? いぬは どこに いますか。

5. 사람·동물은(는) 장소·위치에 있습니다.

그는 방 안에 있습니다.	彼は 部屋の 中に います。
	카레와 헤야노 나카니 이마스

가족은 일본에 있습니다. 家族は 日本に います。

고양이는 안에 있습니다. ねこは 中に います。

132

6. 사람·동물은(는) 장소·위치에 없습니다.

그녀는 집에 없습니다.	<ruby>彼女<rt>かのじょ</rt></ruby>は <ruby>家<rt>いえ</rt></ruby>に いません。 카노죠 와 이에니 이마셍 -

가족은 한국에 없습니다.   <ruby>家族<rt>かぞく</rt></ruby>は <ruby>韓国<rt>かんこく</rt></ruby>に いません。

고양이는 그곳에 없습니다.   ねこは そこに いません。

 실력 굳히기

아래의 문장들을 일본어로 바꾸어 보세요.

●●● 일단 입으로 소리 내서 발음해 본 다음, 자신의 발음을 히라가나로 적으세요.

1 가족이 있습니까?

_____

2 네, 누나가 1명 있습니다.

_____

3 부모님은 고향에 계십니까?

_____

4 그는 방 안에 있습니다.

_____

5 가족은 이곳에 없습니다.

_____

정답   1 家族が いますか。   2 ええ、姉が ひとり います。   3 両親は 国に いますか。
      4 彼は 部屋の 中に います。   5 家族は ここに いません。

133

かれ　し **彼 氏** 저 피　각시 씨 남자친구	彼 氏

あね **姉** 손윗누이 자 누나, 언니	姉

こ　　ども **子 供** 아들 자　이바지할 공 아이 · 자식	子 供

なか **中** 가운데 중 안 · 속	中

そと **外** 바깥 외 밖 · 외부	外

まえ **前** 앞 전 앞	前

うし **後ろ** 뒤 후 뒤	後ろ

かた **方** 모 방 분(사람)	方

오키나와는 일본 어디에 있습니까?

 회화 맛보기

인성 ユキさん、沖縄って 日本の どこに ありますか。

유키 日本の 一番 南の方に あります。

인성 一番 南か。どこどこ… 鹿児島の ところですか。

유키 いいえ、沖縄は もっと 下の ほうに あります。

인성 あ、ここですね。ところで、沖縄で 有名な
食べ物は 何ですか。

유키 「ミミガー」とか 「ラフテー」とか、豚肉の
料理が 有名ですね。

인성 他には ありませんか。

유키 他にも いろいろ あります。豆腐料理とか、
羊の 料理とか…

인성 うーん、沖縄の料理って ヘルシーっぽいのが
多いですね。

유키 ええ、沖縄は 「長生き」でも 有名なんです。

인성 유키 씨, 오키나와는 일본 어디에
있습니까?

유키 일본 제일 남쪽에 있어요.

인성 제일 남쪽이라, 어디어디... 가고
시마 있는 데입니까?

유키 아니요. 오키나와는 더 아래 쪽
에 있습니다.

인성 아, 여기군요. 그런데 오키나와에
서 유명한 음식은 뭡니까?

유키 「미미가」라든지 「라후테」라든
지, 돼지고기 요리가 유명해요.

인성 그 외에는 없습니까?

유키 그 밖에도 여러 가지가 있어요. 두
부요리라든지, 양고기요리라든지…
음~ 오키나와 요리는 건강에 좋아

인성 보이는 것들이 많은 것 같습니다.
네, 오키나와는 '장수' 로도 유명

유키 한 곳이랍니다.

なるほど~!!!

「명사+って」는 「명사 というのは」의 구
어체예요. 해석은 「명사라는 것은」이라
고 하면 되지요.
「には」는 「に(~에)와 は(~는)가 합쳐진
형태이고, 「にも」는 「に(~에)와 も(~도)」
가 합쳐진 형태예요.

なるほど～!!!

기본 단어 익히기

- 沖縄 오키나와(일본 지명)
- 鹿児島 카고시마(일본 지명)
- 上 위
- 豚肉 돼지고기
- 豆腐 두부

- 명사+って 명사 라는 것은
- 명사 のところ 명사 가 있는 곳
- 위치명사 の ほう ~쪽
- 他 그 밖, 다른
- ヘルシーっぽい 건강에 좋을 것 같다

- 南 남쪽
- ところで 그건 그렇고(화제의 전환)
- 羊 양

- 島 섬
- 下 아래
- いろいろ 여러 가지(가)
- 多い 많다

〈이 Unit의 동사〉

- あります (무생물·식물)이 있습니다
- ありません (무생물·식물)이 없습니다

유키의 어드바이스

　沖縄(오키나와)는 일본의 가장 남단에 위치한 섬으로 산호초로 유명해요. 동양의 하와이라고 불릴 만큼 굉장히 아름다운 섬이지요. 하지만 군사적으로도 상당히 중요한 위치를 차지하고 있는 곳이에요.
　또, 오키나와는 장수하는 사람들이 많은 지역으로도 유명해요. 오키나와 요리는 류-큐-요리(琉球料理)라고 하는 궁중음식과 일반 가정에서 먹는 서민음식으로 나누어져 있는데요, 두부, 콩, 양 등을 이용한 음식이 많아요. 본문에 나오는 「미미가」라는 음식은 이름에서도 알 수 있듯이 기름기를 싹 뺀 돼지 귀(미미(みみ))로 만든 음식인데, 뭐랄까 젤라틴 같은 느낌이 들어요. 「라후테-」는 우리 음식의 갈비찜과 비슷해요. 다랑어포를 우려낸 국물에 간장과 설탕을 넣은 뒤 돼지고기를 푹 조려내는 음식으로 단맛이 좀 강해요.

회화 표현 익히기

1. 무생물·식물이(가) 있습니까?

그렇구나!

자신의 의지로 이동이 가능한 대상인 사람·동물에게는 「います·いません」을 사용하고, 자신의 의지로 이동할 수 없는 대상인 무생물·식물에게는 「あります·ありません」을 사용해요.

시간(이) 있습니까?

時間(が) ありますか。
지 칸- 가 아리마스 까

노트북(이) 있습니까?
ノートパソコン(が) ありますか。

뭐가 있습니까?
何が ありますか。

136

2. 네, 무생물・식물이(가) 있습니다.

네, 돼지고기가 있습니다.	ええ、豚肉が あります。 에 - 부타니쿠가 아리마스

네, 유명한 음식이 있습니다.　ええ、有名な 食べ物が あります。

네, 두 개(가) 있습니다　ええ、ふたつ あります。

그렇구나!
물건의 수는 「ひとつ・ふたつ・みっつ・よっつ…いつつ」로 센다고 했었지요?(Unit 8 참조)
참고로, 조수사 뒤에 오는 격조사 「が」는 생략하는 것이 일반적이에요.

3. 아니요, 무생물・식물은(는) 없습니다.

아니요, 양 요리는 없습니다.	いいえ、羊の料理は ありません。 이 - 에 히쯔지노료-리와 아리마셍-

아니요, 방은 없습니다.　いいえ、部屋は ありません。

아니요, 다른 것은 없습니다.　いいえ、他のは ありません。

그렇구나!
「他の」는 「다른 것」이라고 해석해요.

4. 무생물・식물은(는) 장소・위치에 있습니까?

회사는 서울에 있습니까?	会社は ソウルに ありますか。 카이샤와 소우루니 아리마스까

차는 밑에 있습니까?　車は 下に ありますか。

가방은 어디에 있습니까?　かばんは どこに ありますか。

그렇구나!
일본에서는 원칙적으로 물음표가 사용되지 않아요. 그래서 의문사나 의문의 종조사인 「か」를 보고 의문형 문장임을 파악해야 해요. 예문처럼 문장 마지막에 「か」가 위치하면 끝을 살짝 올렸다가 바로 내려서 「까〜아〜」로 발음하면 돼요.

5. 무생물・식물은(는) 장소・위치에 있습니다.

오키나와는 남쪽에 있습니다.	沖縄は 南の方に あります。 오키나와와 미나미노 호-니 아리마스

책은 가방 안에 있습니다.　本は かばんの 中に あります。

은행은 병원 앞에 있습니다.　銀行は 病院の前に あります。

그렇구나!
「〜안에」라는 표현에 유의하세요. 우리말로는 「〜는 방에 있어」라고 하기도 하지만, 일본어로는 반드시 「〜の なかに」라고 표현해야 해요.
예 방에: へやの なかに
　차에: くるまの なかに
　가방에: かばんの なかに 등

알아두기 노래로 배우는 방향을 나타내는 명사들

반짝 반짝 작은 별　아름 답게 비치 네
うえ した みぎ ひだり　うえ した みぎ ひだり
上 下 右 左 / 上 下 右 左 (위·아래·오른쪽·왼쪽)

서쪽 하늘 에서 도　남쪽 하늘 에서 도
なか そと まえ うし　なか そと まえ うし
中 外 前 後ろ / 中 外 前 後ろ (안·밖·앞·뒤)

반짝 반짝 작은별　아름 답게 비치네
よこ　　　　　　　よこ
横 そば となり / 横 そば となり (옆·옆·옆 (가까운 순서대로))

6. 무생물·식물은(는) 장소·위치에 없습니다.

휴대전화는 여기에 없습니다.	**ケータイは ここに ありません。** 케−타이와 코꼬니 아리마셍−

오키나와는 거기에 없습니다.　おき なわ
沖縄は そこに ありません。

그의 차는 여기에 없습니다.　かれ　くるま
彼の 車は ここに ありません。

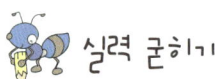 실력 굳히기

아래의 문장들을 일본어로 바꾸어 보세요.

●●● 일단 입으로 소리 내서 발음해 본 다음, 자신의 발음을 히라가나로 적으세요.

1 시간 있습니까?

_____

2 아니요, 방은 없습니다.

_____

3 회사는 서울에 있습니까?

_____

정답　**1** 時間 ありますか。　　　**2** いいえ 部屋は ありません。　　　**3** 会社は ソウルに ありますか。

 한자 익히기

みぎ **右** 오른 우 오른쪽	右

ひだり **左** 왼 좌 왼쪽	左

しま **島** 섬 도 섬	島

ほか **他** 다를 타 다른	他

よこ **横** 가로 횡 옆	横

みなみ **南** 남녘 남 남쪽	南

うえ **上** 윗 상 위 · 위쪽	上

した **下** 아래 하 아래 · 아래쪽	下

Unit 21 뭐 좀 먹지 않을래요?

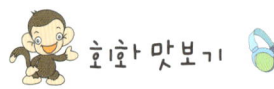 호호 맛보기 🎧

유키 あ、お腹 ペコペコ~！ インソンさん、
　　　何か ちょっと 食べませんか。

인성 ええ、いいですよ。

유키 あ、あそこに サンドイッチの お店が
　　　あります。あそこで いいですか。

인성 ええ、僕は 何でも いいです。

유키 インソンさん、飲み物は。
　　　ホットコーヒーで いいですか。

인성 いや、僕は ジュースに します。

유키 インソンさんは コーヒーは
　　　全然 飲みませんか。

인성 いいえ、たまには 飲みます。でも あまり
　　　飲みませんね。ユキさんは。

유키 そうですね。私は たいてい 紅茶か
　　　コーヒーを 飲みますね。

유키 아, 배고파~! 인성 씨, 뭐 좀 먹지 않을
　　　래요?

인성 네, 좋습니다.

유키 아, 저기 샌드위치 가게가 있네요. 저
　　　기로 괜찮으시겠어요?

인성 네, 저는 뭐든 좋습니다.

유키 인성 씨, 음료는요? 뜨거운 커피로
　　　괜찮습니까?

인성 아니요, 저는 주스로 하겠습니다.

유키 인성 씨는 커피는 전혀 안 마시나요?

인성 아니요, 가끔은 마십니다. 하지만 그
　　　다지 마시지 않습니다. 유키 씨는요?
　　　글쎄요. 저는 대부분 홍차 아니면 커
유키 피를 마십니다.

なるほど~!!!

「ペコペコ(페코페코)」는 배가 고픈 모양을 나
타내는 ナ형용사예요. 「お腹が ペコペコで
す」의 형태로 「배가 고파요」라는 뜻이에요.
하지만 친한 친구나 가족들 사이에서만 사용
하는 말이며, 좀 더 공손하게 말할 때는 「お
腹(なか)が すきました」라고 표현해야 해요.

기본 단어 익히기

• お腹 (신체)배	• ペコペコ 배가몹시고픈 모양	• サンドイッチ 샌드위치	• 飲み物 음료수
• ホットコーヒー 뜨거운 커피	• で ～로(수단, 방법)	• ジュース 주스	• 全然 전혀
• たまに 가끔, 어쩌다가	• 紅茶 홍차	• たいてい 대개, 대부분	• ~を (격조사) (명사)~를, 을
• 명사 にする 명사로 (결정)하다			

〈이 Unit의 동사〉

1 group :	• 飲む 마시다	• 待つ 기다리다	• 行く 가다
예외 1 group 동사 :	• 走る 달리다	• 切る 자르다	• 要る 필요하다
	• 帰る 돌아가다	• 入る 들어가다	• 知る 알다
2 group :	• 食べる 먹다	• 教える 가르치다 • 見る 보다	• 寝る 자다
3 group :	• 来る 오다	• する 하다 • 勉強する 공부하다	• 旅行する 여행하다

유키의 어드바이스

자, 이제 본격적인 동사 학습에 들어갈 거예요. 먼저 「ます」집안 딸린 동사를 「ます(～합니다)」형과 연결하려면 어떻게 해야 하는지에 대해 알아볼게요. 여기서는 문법적인 복잡한 설명은 생략하고, 간단한 활용형만 설명할 거예요. 좀 더 상세한 문법적 내용에 대해서는 이 Unit의 맨 끝에 따로 설명해 두었으니, 그것을 참조하세요.

앞에서 학습한 형용사와 명사는 그냥 기본형에 「です」를 연결하면 되었지만, 동사는 약간 달라요. 동사가 「ます」와 연결되기 위해서는 일련의 어미변화가 있어야 하는데, 그 어미변화는 각 그룹별로 달라지지요. 일단은 동사가 「ます」형에 연결하려면 어미에서 「イ(ㅣ)」소리가 나야 한다고 기억해 두세요. 나머지는 각 문형에서 자세히 설명할게요.

 회화 표현 익히기

1. 명사를(을) 동사하다 (동사의 기본형)

밥을 먹다.	ごはんを 食べる。 고항－오 타베루
물을 마시다.	水を 飲む。
공부를 하다.	勉強(を) する。

그렇구나!

모든 동사는 「ウ(ㅜ)」단, 즉 우리말 「ㅜ」소리로 끝난다고 했지요? 예문 동사의 어미를 보면 「る(루)·む(무)」 모두 「ㅜ」소리로 끝나고, 「동사하다」로 해석되요. 또 「명사를 하다」의 형태로 생긴 동사들 앞에 오는 격조사 「を(～을(를))」는 생략하는 것이 일반적이에요.

なるほど～!!!

2. 1그룹 동사합니다 ; 1그룹 동사의 어미를 「イ」단, 즉 「ㅣ」소리로 바꾸고 + ます

그렇구나!

동사가 「ます」에 연결되려면 「イ단」이 와야 한다고 했어요. 즉, 1그룹 동사의 어미를 「ㅣ」소리가 나도록 바꾸어 줘야 해요. 예를 들어 「のむ」의 어미 「む(무)」소리를 「み(미)」소리로 바꾸어 주는 식이에요.

마십니다.	飲み**ます**。(飲む) 노 미 마 스
기다립니다.	待ちます。(待つ)
돌아갑니다.	帰ります。(帰る)

3. 2그룹 동사합니다 ; 2그룹 동사의 어미를 빼고 + ます

그렇구나!

「イ단(ㅣ소리)」법칙은 2그룹 동사에서는 적용이 안돼요. 2그룹 동사는 그냥 어미 「る」를 떼어버리고 「ます」에 연결해요. 예를 들어 「たべる」가 「たべます」가 되는 식이에요.

먹습니다.	食べ**ます**。(食べる) 타 베 마 스
봅니다.	見ます。(見る)
잡니다.	寝ます。(寝る)

4. 3그룹 동사합니다 ; 3그룹 동사의 来る>き / する>し + ます

그렇구나!

3그룹 동사는 2개밖에 없지만 「명사+する(명사하다)」의 꼴로 생긴 동사들은 모두 3그룹 활용을 해요. 또 이들은 제멋대로 활용을 하기 때문에 각 활용형을 무조건 암기해야 해요. 활용형식이 제멋대로이기는 하지만, 둘 다 「ます」앞에서 「イ단(ㅣ소리)」으로 소리난다는 점에는 변함이 없어요.

옵니다.	来**ます**。(来る) 키 마 스
합니다.	します。(する)
여행합니다.	旅行します。(旅行する)

5. 동사 하지 않습니다.

그렇구나!

우리말의 「(동사)하지 않습니다」라는 표현은 「ます」 대신에 「ません」을 붙이면 되고, 이들 앞에 오는 동사의 어미활용은 「ます」와 똑같아요.

마시지 않습니다.	飲み**ません**。(飲む) 노 미 마 셍 ―
먹지 않습니다.	食べません。(食べる)
하지 않습니다.	しません。(する)

6. 명사로 하겠습니다.

주스로 하겠습니다.	**ジュースに します。** 쥬 ― 스 니 시 마 스

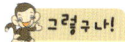 그렇구나!

「명사 にする」는 「명사로 (결정)하다」라는 뜻이 돼요. 음식을 주문하거나 물건을 살 때 상당히 유용하게 쓰이는 표현이니까 꼭 외워 두세요~!!!!

이것으로 하겠습니다.	これに します。
따뜻한 커피로 하겠습니다.	ホットコーヒーに します。

 실력 굳히기

아래의 동사들을 알맞은 형태로 바꾸어 보세요.

●●● 일단 입으로 소리 내서 발음해 본 다음, 자신의 발음을 히라가나로 적으세요.

동사	그룹	ます	ません	ませんか
1. 飲む				
2. 帰る				
3. 待つ				
4. 切る				
5. 食べる				
6. 教える				
7. 見る				
8. 寝る				
9. 来る				
10. する				

정답 1 1 / のみます・ません・ませんか　　2 예외1 / かえります・ません・ませんか　　3 1 / まちます・ません・ませんか
4 예외1 / きります・ません・ませんか　　5 2 / たべます・ません・ませんか　　6 2 / おしえます・ません・ませんか
7 2 / みます・ません・ませんか　　8 2 / ねます・ません・ませんか　　9 3 / きます・ません・ませんか
10 3 / します・ません・ませんか

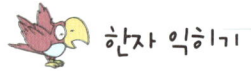 한자 익히기

^の **飲む** 마실 음 마시다	飲む
^{かえ} **帰る** 돌아갈 귀 돌아가다 · 귀가하다	帰る
^い **行く** 갈 행 가다	行く
^た **食べる** 먹을 식 먹다	食べる
^み **見る** 볼 견 보다	見る
^ね **寝る** 잠잘 침 자다	寝る
^く **来る** 올 래 오다	来る
^{はい} **入る** 들어갈 입 들어가다	入る

알아두기 여우 같은 동사 꼬리가 7개

일본어 동사를 한마디로 표현하면, '여우 같다'고 할 수 있어요. 왜냐하면 동사에게는 무려 7개의 꼬리가 있기 때문인데요, 여기서 말하는 동사의 꼬리란 '어미'를 의미해요. 7개나 되는 꼬리를 다 어디에 쓰냐고요?

7개의 꼬리는 동사를 활용하는 데 꼭 필요한 어미의 형태들이라고 할 수 있어요.

이 7개의 꼬리를 이름 순서대로 나열하면, 미연형(부정형) · 연용형(ます형) · 종연형 · 연체형 · 가정형 · 명령형 · 의지형이 돼요. 여기에서 우리는 4개의 꼬리, 즉 미연형(부정형) · 연용형(ます형) · 종연형 · 연체형에 대해서만 학습하고 나머지는 중급 과정에서 학습하게 될 거에요.

먼저 7개의 꼬리 이름을 외워 보도록 할게요.

이렇게 암기해 보세요. '〈미연이가/종연이로/가명의/를 하다〉 미 · 연 · 종 · 연 · 가 · 명 · 의'.

알아두기 7개의 꼬리를 알아야 하는 이유

왜 굳이 이런 복잡한 꼬리를 암기해야 하냐고요?

물론 이런 이름들은 몰라도 돼요. 하지만 동사와 좀 더 친숙해지기 위해서는 반드시 필요한 명칭들이기 때문에 각 꼬리가 담당하는 역할은 제쳐두고라도 7개의 꼬리의 이름만큼은 숙지하고 있는 편이 바람직해요.

알아두기 동사의 ます형 (연용형)

우리가 제일 먼저 학습하게 될 꼬리는 동사의 2번째 꼬리인 연용형이에요. 연용형(連用形)이란 말 그대로 용언(동사 · 형용사)에 연결되는 형태를 의미해요. 우리가 이 연용형을 맨 처음으로 학습하는 이유는 7개의 꼬리 중 하는 일이 가장 많은 꼬리이기 때문이지요. 또 연용형은 「ます형」이라고도 불리는데요, 그 이유는 연용형이 하는 5개 역할 가운데 가장 중심이 되는 것이 바로 동사를 정중한 형태로 바꾸어 주는 일, 「ます형」이기 때문이에요.

알아두기 연용형의 역할

연용형의 역할에는 모두 5개가 있어요.

1. 동사를 정중한 형태(ます형)로 바꾸어요. → 「동사+ます ; 동사 합니다」
2. 동사의 목적을 나타내요. → 「동사 +に ; 동사 하러 」
3. 동사를 명사화해요. → 「동사의 연용형 = 명사」
   (단, 모든 동사를 명사화 할 수 있는 것은 아니에요.)

4. 복합어를 만들어요 → 「동사 + 동사 = 새로운 용언」

 (이 부분은 앞으로 천천히 배워갈 것이기 때문에 지금부터 힘들게 암기할 필요는 없어요. '그냥 동사의 연용형은 이런 역할들을 하는 꼬리이구나' 정도로 이해하고 넘어가면 돼요.)

 연용형 만드는 방법

동사의 종류	기본형	예제 접속형	발음
1 group	어미를 イ단으로 바꾸고 + ます(「ㅣ」소리로 바꾸고)	ま み · + · ます のむ(마시다) め も	no-mi-ma-su
2 group	어미를 빼고 + ます	食べる(먹다) + ます	ta-be-ma-su
3 group	来(く)る(가다)	きます	ki-ma-su
	する(하다)	します	si-ma-su

Unit 22 주말에는 무엇을 했습니까?

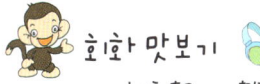

인성　週末は 何を しましたか。

유키　久しぶりに 友達に 会いました。

インソンさんは。

인성　僕は どこへも 行きませんでした。

유키　じゃ、一日中 家に いましたか。

인성　ええ、家で 漫画を 読みながら ゴロゴロ しました。

유키　インソンさん、最近 仕事で

ずっと 忙しかったですからね。

인성　ええ、久しぶりに のんびり しました。

유키　それは よかったですね。

인성　주말에는 무엇을 했습니까?
유키　오랜만에 친구를 만났어요.
　　　인성 씨는요?
인성　저는 아무 데도 가지 않았습니다.
유키　그럼 하루 종일 집에 있었어요?
인성　네, 집에서 만화를 읽으면서 빈둥거렸
　　　습니다.
유키　인성 씨는 최근 일 때문에 계속
　　　바빴으니까요.
인성　네, 오랜만에 한가롭게 지냈습니다.
유키　그거 잘 됐네요.

なるほど~!!!

「へ」의 원래 발음은 「he(헤)」이지만, 조사로
쓰일 때는 「e(에)」라고 발음한다는 점에 유의
하세요. 뜻은 우리가 전에 학습한 「に(~에)」
와 똑같은데, 「に」가 장소를 강조한다면 「へ」
는 방향을 강조한다는 점이 달라요.

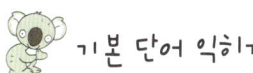

• 週末 주말	• どこへも 아무 데도	• 一日中 하루 종일	• 最近 최근
• ずっと 오랫동안 계속되는 모양(계속 · 죽)		• 명사 + で 명사 때문에(이유 · 원인)	
• 漫画 만화	• テレビ TV	• 話 이야기	• 音楽 음악

〈이 Unit의 동사〉

1 group : ・に 会う ～를 만나다 ・読む 읽다 ・聴く(聞く) 듣다 ・＊帰る 돌아가다 ・＊入る 들어가다

2 group : ・いる (사람·동물) 있다 ・教える 가르치다

3 group : ・ゴロゴロする(俗) 빈둥거리다(속어) ・のんびりする 한가롭게 지내다

유키의 어드바이스

우리말의 「만나다」라는 의미를 가진 일본어 동사 「会う」는 항상 조사 「に」와 함께 다녀요. 즉, 「～를 만나다」라고 말할 때는 「～を 会う」가 아니라 「～に 会う」라고 표현해야 해요. 형용사 중에서도 조금 특별한 조사들을 쓰는 친구들이 있었지요? 「会う」도 마찬가지라고 이해하면 되는데요, 여기서 중요한 것은 이렇게 특별한 조사를 사용하는 친구들은 반드시 조사와 함께 암기하는 것이 바람직하다는 점이에요.

「ながら」는 「～하면서」라는 뜻을 가진 동시동작 표현이에요. 단, 동사가 「ながら」에 연결되기 위해서는 연용형(ます형)의 형태를 취해야 해요. 예를 들어 のむ(마시다) 〉 のみながら(마시면서)처럼 말이에요.

 회화 표현 익히기

1. 1그룹 동사했습니다.

그렇구나!
「ました」는 「ます」의 과거형이에요. 「ます」와 똑같이 「동사의 연용형(ます형)」에 연결되지요. 이때, 1단 동사는 어미를 「イ단(ㅣ소리)」으로 바꾸어 준다고 했으니까 「のむ〉のみ+ました=のみました」의 형태로 바뀌겠지요?

친구를 만났습니다.
友達に 会いました。(会う)
토모다찌니 아 이 마 시 타

책을 읽었습니다.
本を 読みました。(読む)

집에 돌아갔습니다.
家に 帰りました。(＊帰る)

2. 2그룹 동사했습니다.

그렇구나!
2그룹 동사의 어미 앞에 오는 단이 모두 「イ단(ㅣ소리)·エ단(ㅔ소리)」이 되니까 그냥 어미 「る」를 떼어 버리고 「ました」에 접속하면 돼요. 예를 들어 「たべる」는 「たべ + ました」가 되는거지요.

밥을 먹었습니다.
ごはんを 食べました。(食べる)
고 항 - 오 타 베 마 시 타

영화를 봤습니다.
映画を 見ました。(見る)

일본어를 가르칩니다.
日本語を 教えました。(教える)

3. 3그룹 동사했습니다.

부모님이 왔습니다.	両親が 来ました。(来る) 료-신-가 키 마 시 타

이야기를 했습니다.	話 を しました。(する)
집에서 빈둥댔습니다.	家で ゴロゴロ しました。(ゴロゴロする)

4. 동사하지 않았습니다.

마시지 않았습니다.	飲みませんでした。(飲む) 노 미 마 셍 - 데 시 타

먹지 않았습니다.	食べませんでした。(食べる)
오지 않았습니다.	来ませんでした。(来る)

5. 동사하지 않았습니까?

커피는 마시지 않았습니까?	コーヒーは 飲みませんでしたか。(飲む) 코 - 히 - 와 노 미 마 셍 - 데 시 타 까

빵은 먹지 않았습니까?	パンは 食べませんでしたか。(食べる)
친구는 오지 않았습니까?	友達は 来ませんでしたか。(来る)

6. 동사1 하면서 동사2 합니다.

TV를 보면서 밥을 먹습니다.	テレビを 見ながら ごはんを 食べます。 테 레 비 오 미 나 가 라 고 항 - 오 타 베 마 스

커피를 마시면서 책을 읽습니다.	コーヒーを 飲みながら 本を 読みます。
음악을 들으면서 잡니다.	音楽を 聞きながら 寝ます。

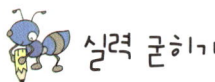 실력 굳히기

아래의 문장들을 일본어로 바꾸어 보세요.

●●● 일단 입으로 소리 내서 발음해 본 다음, 자신의 발음을 히라가나로 적으세요.

1 친구를 만났습니다.

2 집에 돌아갔습니다.

3 영화를 봤습니다.

4 집에서 빈둥거렸습니다.

5 커피는 마시지 않았습니다.

6 친구는 오지 않았습니다.

7 커피를 마시면서 책을 읽습니다.

8 만화를 읽으면서 한가롭게 보냅니다.

정답 1 友達に 会いました.   2 家に 帰りました.   3 映画を 見ました.
　　　4 家で ゴロゴロ しました.   5 コーヒーは 飲みませんでした.   6 友達は 来ませんでした.
　　　7 コーヒーを 飲みながら 本を 読みます.   8 漫画を 読みながら のんびり します.

150

週末	週 末
しゅう まつ 週　末 돌 주　끝 말 주말	

一日中	一 日 中
いち にち じゅう 一 日 中 한 일　날 일　가운데 중 하루 종일	

漫画	漫 画
まん　が 漫　画 질펀할 만　그림 화 만화	

待つ	待つ
ま 待つ 기다릴 대 기다리다	

教える	教える
おし 教える 가르칠 교 가르치다	

旅行する	旅行する
りょ こう 旅行する 군사 려 갈 행 여행하다	

勉強する	勉強する
べん きょう 勉強する 힘쓸 면 굳셀 강 공부하다	

聞く	聞く
き 聞く 들을 문 듣다 · 묻다	

공항에 여동생을 마중하러 가요

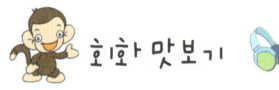 호ㅣ화 맛보기 🎧

인성 ユキさん どこか お出かけですか。

유키 ええ、空港へ 妹を 迎えに 行きます。

인성 日本から 妹さんが 来ましたか。

유키 ええ、私に 会いに 来ました。
インソンさんは 会社ですか。

인성 いいえ、今日は 休みです。
ちょっと 買い物に 行くんです。

유키 そうですか。じゃ、いっていらっしゃい。

인성 ええ、それでは また 後で。

인성 유키 씨, 어디 외출하세요?
유키 네, 공항에 여동생을 마중하러 가요.
인성 일본에서 여동생이 오나요?
유키 네, 저를 만나러 왔어요.
　　 인성 씨는 회사 가세요?
인성 아니요, 오늘은 휴일입니다.
　　 잠깐 쇼핑하러 가는 겁니다.
유키 그래요, 그럼 다녀오세요.
인성 네, 그럼 나중에 뵙죠.

なるほど~!!!

「行くんです」는 「行きます」의 회화체예요. 「です家」와 「ます家」를 설명하면서 동사가 です집안으로 시집갈 때 「ん」이라는 몸종을 데려 간다고 했지요? 이 부분에 대해서는 다음 Part에서 자세히 설명할게요.

 기본 단어 익히기

• お出かけ 외출	• 空港 공항	• 今日 오늘	• 最近 최근
• 休み 휴일	• いっていらっしゃい 다녀오세요		• それでは 그러면·그럼
• また 後で 나중에 또 만나요		• お酒 술	• 写真 사진

なるほど〜!!!

〈이 Unit의 동사〉

1 group : ・迎える 맞이하다, 마중하다 ・休む 쉬다

2 group : ・見せる 보여주다 ・借りる 빌리다

3 group : ・買い物する 쇼핑하다, 장을 보다

유키의 어드바이스

「동사의 연용형(ます형) + に」는 동사의 목적을 나타내는 표현이에요. 우리말로는 「동사 하러」라고 해석되며, 「行く(가다)·来る(오다)」 동사를 수반하는 경우가 많아요. 그런데 이 표현에서 주의해야 할 점은 「명사する」의 형태로 쓰인 동사들, 예를 들어 「かいもの する(쇼핑하다)·さんぽ する(산책하다)·べんきょう する(공부하다)」들은 「명사 しに」의 형태가 아니라 명사 뒤에 바로 목적을 나타내는 조사 「に」가 붙는다는 점이에요. 즉, 「쇼핑하러〉かいものに·산책하러〉さんぽに·공부하러〉べんきょうに」의 식으로 말이지요.

많은 학습자들이 혼동하는 부분이니까, 반드시 잘 숙지해 두세요〜!!!

 회화 표현 익히기

1. 1그룹 동사하러 갑니다.

놀러 갑니다.	遊びに 行きます。(遊ぶ) 아소비 니 이 키 마 스

> **그렇구나!**
> 1그룹 동사의 연용형은 어미를 「イ단(ㅣ 소리)」로 바꾸어야 한다는 거 알지요?

술을 마시러 갑니다. お酒を 飲みに 行きます。(飲む)

음악을 들으러 갑니다. 音楽を 聞きに 行きます。(聞く)

2. 2그룹 동사하러 갑니다.

밥을 먹으러 갑니다.	ごはんを 食べに 行きます。(食べる) 고 항 - 오 타 베 니 이 키 마 스

> **그렇구나!**
> 2그룹 동사는 그냥 어미 「る」를 떼어 버리고 「に」를 붙이면 돼요.

여동생을 마중하러 갑니다. 妹を 迎えに 行きます。(迎える)

영화를 보러 갑니다. 映画を 見に 行きます。(見る)

153

3. する명사 하러 갑니다.

쇼핑하러 갑니다.	買い物に 行きます。(買い物する)
	카 이모노니 이키마스

산책하러 갑니다.　散歩に 行きます。(散歩する)

출장을(하러) 갑니다.　出張に 行きます。(出張する)

4. 동사하러 왔습니다.

친구를 만나러 왔습니다.	友達に 会いに 来ました。(会う)
	토모다찌니 아이니 키마시타

사진을 보여 주러 왔습니다.　写真を 見せに 来ました。(見せる)

책을 빌리러 왔습니다.　本を 借りに 来ました。(借りる)

5. 동사하는 겁니다.

나도 갈 겁니다.	僕も 行くんです。
	보쿠모 이쿤 - 데스

동생이 오는 겁니다.　妹が 来るんです。

음악을 듣는 겁니다.　音楽を 聞くんです。

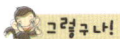

 실력 굳히기

아래의 문장들을 일본어로 바꾸어 보세요.

●●● 일단 입으로 소리 내서 발음해 본 다음, 자신의 발음을 히라가나로 적으세요.

1 놀러 갑니다.

2 밥을 먹으러 갑니다.

3 여동생을 마중하러 갑니다.

4 출장을(하러) 갑니다.

5 사진을 보여주러 왔습니다.

6 책을 빌리러 왔습니다.

7 여동생이 오는 겁니다.

8 음악을 듣는 겁니다.

정답 1 遊びに 行きます。　　2 ごはんを 食べに 行きます。　　3 妹を 迎えに 行きます。
　　4 出張に 行きます。　　5 写真を 見せに 来ました。　　6 本を 借りに 来ました。
　　7 妹が 来るんです。　　8 音楽を 聞くんです。

 한자 익히기

空港 くう こう 빌 공 항구 항 공항	空港

写真 しゃ しん 베낄 사 참 진 사진	写真

休む やす 쉴 휴 쉬다	休む

＊入る はい 들 입 들어가다	＊入る

＊ : 예외 동사

見せる み 볼 견 보여주다	見せる

借りる か 빌릴 차 빌리다 · 꾸다	借りる

迎える むか 맞이할 영 맞이하다 · 마중하다	迎える

散歩する さん ぽ 흩을 산 걸을 보 산책하다	散歩する

Unit 24

인사동에 가고 싶으십니까?

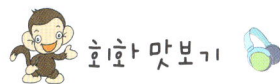 회화 맛보기

유키 インソンさん、インサドンって どこに
ありますか。

인성 インサドンに 行(い)きたいんですか。

유키 ええ、妹(いもうと) が インサドンへ
行(い)きたがっています。

인성 じゃ、僕(ぼく)が 案内(あんない)します。

유키 えっ、いいんですか。

인성 ええ、今週末(こんしゅうまつ)は 暇(ひま)だし、ユキさんの
妹(いもうと)にも 会(あ)いたいです。

유키 ありがとうございます。妹(いもうと) も きっと 喜(よろこ)びます。

인성 どういたしまして。こちらこそ、光栄(こうえい)です。

유키 인성 씨, 인사동이란 곳이 어디에 있어
요?

인성 인사동에 가고 싶으십니까?

유키 네, 여동생이 인사동에 가고 싶어해요.

인성 그럼 제가 안내해드리겠습니다.

유키 네? 괜찮으시겠어요?

인성 네, 이번 주말은 한가한 데다, 유키
씨의 여동생도 만나고 싶습니다.

유키 고맙습니다. 여동생도 틀림없이 기뻐
할 거예요.

인성 천만에요. 저야말로 영광입니다.

 기본 단어 익히기

今週末(こんしゅうまつ) 이번 주말	*용언(활용어)의 기본형 +し ~(하기도) 하고(열거)	きっと 분명, 틀림없이
光栄(こうえい) 영광	アクション(악-ㅋ 숑-) 액션	

〈이 Unit의 동사〉

1 group : ・喜ぶ 기뻐하다   ・買う 사다   ・話す 말하다

3 group : ・案内する 안내하다

유키의 어드바이스

「~たい」는 동사의 희망 표현이에요. 1·2인칭(나·당신)의 희망을 나타내며, 「~을 하고 싶다」라고 해석해요. 단, 희망 표현 「~たい」는 목적조사 「を(을·를)」 대신 「が(이·가)」를 쓰는 것이 일반적이에요. 전에 능력과 기호를 나타내는 형용사를 학습하면서 일본어에서는 「희망·능력·기호」 등을 나타내는 어휘 앞의 목적조사 「を」가 「が」로 바뀌는 조사의 변화가 일어난다고 했지요? 「~たい」도 같은 맥락에서 이해하면 돼요.

물론 최근에는 조사의 변화를 무시하고 그냥 「を」를 사용하는 경우도 많아요. 하지만 우리는 처음 희망 표현을 배우는 단계이니까 「が」를 사용한 표현에 익숙해지도록 연습하기로 해요.

동사의 희망 표현을 나타낼 때는 「동사의 연용형(ます형) + たいです」의 형태로 표현해요. 쉽게 말해, 「ます」 자리에 「たい」가 들어간다고 생각하면 돼요. 참조로 제3자의 희망은 「たがっています」라고 표현하고, 이때는 조사의 변화가 일어나지 않는다는 것도 함께 기억해 두세요~!!!

회화 표현 익히기

1. (1·2인칭이) 명사를 동사하고 싶다.

그렇구나!
1·2인칭의 희망 표현을 만들 때는 「ます」 자리에 「たいです」를 넣으면 돼요. 한 가지 주의할 점은 우리말의 「보고싶다(그립다)」는 「見る(보다)」가 아니라 「会う(만나다)」라는 동사를 이용해야 하는데, 이때 조사의 변화는 일어나지 않는답니다~!!!

영화를 보고 싶다.	映画が 見たい。(見る) 에-가 가 미타이

일본어를 배우고 싶다.　日本語が 習いたい。(習う)

가족을 만나고 싶다(보고 싶다).　家族に 会いたい。(会う)

2. (2인칭에게) 동사하고 싶습니까?

그렇구나!
「~たい형」에서 조사의 변화가 일어나는 경우는 해당 동사가 목적조사 「を」를 필요로 할 때만이에요. 즉, 우리말의 「~에(に·へ)」에 해당하는 조사는 그대로 사용해야 한다는 점에 유의하세요~!!!

무엇을 먹고 싶습니까?	何が 食べたいですか。(食べる) 나니 가 타베타이데스까

새 차를 사고 싶습니까?　新しい 車が 買いたいですか。(買う)

고향에 돌아가고 싶습니까?　国へ 帰りたいですか。(＊帰る)

なるほど〜!!!

3. 네, 나(1인칭)는 동사하고 싶습니다.

네, 저는 인사동에 가고 싶습니다.

はい、**私は** インサドンに
하 이　와타시와　인사동　니
行きたいです。(行く)
이 키 타 이 데스

네, 저는 액션 영화를 보고 싶습니다.

はい、私は アクション映画が
　　　　　　　　　　えい が
見たいです。(見る)
み　　　　　　　み

4. 아니요, 나는 동사하고 싶지 않습니다.

아니요, 나는 돌아가고 싶지 않습니다.

いいえ、**僕は** 帰りたくないです。
이 ー 에　보쿠와　카에리 타 쿠나이데스
(*帰る)
ぼく　　　かえ

아니요, 나는 먹고 싶지 않습니다.

いいえ、僕は 食べたくないです。(食べる)
　　　　ぼく　た　　　　　　　　た

> **그렇구나!**
> 「〜たい」는 イ형용사와 똑같이 활용해요. 즉, 「たいです(〜하고 싶습니다)・たくないです(〜하고 싶지 않습니다)・たかったです(〜하고 싶었습니다)・たくなかったです(〜하고 싶지 않았습니다)」의 형태로 변해요.

5. 3인칭은(는) 동사하고 싶어합니까?

그는 어디에 가고 싶어합니까?

彼は どこへ 行きたがっていますか。
　かれ　　　　い
카레 와　도고에　이 키 타 갇 ー 테이마스 까
(行く)

그녀는 무엇을 먹고 싶어합니까?

彼女は 何を 食べたがっていますか。(食べる)
かのじょ　なに　た　　　　　　　　　　　た

> **그렇구나!**
> 제3자의 희망 표현은 「〜たがっています(〜하고 싶어하고 있습니다)」를 사용해서 표현해요. 연결형태는 「〜たい」와 똑같은데, 이때 조사의 변화는 일어나지 않는다는 점에 유의하세요〜!!!

6. 네, 3인칭은(는) 동사하고 싶어합니다.

네, 그녀는 미국을 여행하고 싶어합니다.

はい、**彼女は** アメリカを
　　　かのじょ
하 이　카노죠와　아메리카오
旅行したがっています。(旅行する)
로 코 ー 시 타 갇 ー 테이마스
りょこう

네, 저의 어머니는 일본어를 배우고 싶어합니다.

はい、母は 日本語を 習いたがっています。
　　　はは　にほんご　なら
(習う)
なら

159

なるほど〜!!!

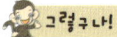 그렇구나!

「〜たがっています」는「たがって
います(〜하고 싶어합니다)・たが
っていません(〜하고 싶어하지
않습니다)・たがっていました (〜
하고 싶어했습니다)・たがってい
ませんでした(〜하고 싶어하지
않았습니다)」의 형태로 변해요.

7. 아니요, 3인칭은(는) 동사하고 싶어하지 않습니다.

아니요, 그는 말하고 싶어하지 않습니다.	いいえ、彼(かれ)は 話(はな)したがっていません。 이 − 에 카레 와 하나시 타갇 − 테 이마 셍 − (話(はな)す)

아니요, 그녀는 쉬고
싶어하지 않습니다.

いいえ、彼女(かのじょ)は 休(やす)みたがっていません。
(休(やす)む)

아니요, 여동생은 들어가고
싶어하지 않습니다.

いいえ、妹(いもうと)は 入(はい)りたがっていません。
(＊入(はい)る)

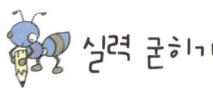 실력 굳히기

아래의 문장들을 일본어로 바꾸어 보세요.

●●● 일단 입으로 소리 내서 발음해 본 다음, 자신의 발음을 히라가나로 적으세요.

1 가족을 보고 싶다.

_____

2 고향에 돌아가고 싶습니까?

_____

3 네, 저는 영화를 보고 싶습니다.

_____

4 그녀는 무엇을 사고 싶어합니까?

_____

5 네, 아버지는 새집을 사고 싶어합니다.

_____

정답 **1** 家族(かぞく)に 会(あ)いたい。   **2** 国(くに)へ 帰(かえ)りたいですか。   **3** はい、私(わたし)は 映画(えいが)が 見(み)たいです。
　　 4 彼女(かのじょ)は 何(なに)を 買(か)いたがっていますか。   **5** はい、父(ちち)は 新(あたら)しい 家(いえ)を 買(か)いたがっています。

160

光 栄	光 栄
こう えい	
光 栄	
빛 광 꽃 영	
영광	

喜 ぶ	喜 ぶ
よろこ	
喜 ぶ	
기쁠 희	
기뻐하다	

話 す	話 す
はな	
話 す	
말 화	
이야기하다	

＊ 知 る	＊ 知 る
し	
＊ **知 る**	
알 지	
알다	

＊ : 예외 동사

＊ 切 る	＊ 切 る
き	
＊ **切 る**	
자를 절	
자르다	

買 う	買 う
か	
買 う	
살 매	
사다	

＊ : 예외 동사

案内する	案内する
あん ない	
案内する	
책상 안 안 내	
안내하다	

僕	僕
ぼく	
僕	
종 복	
나(남성 1인칭 대명사)	

ます집안의 총정리

　Part 3과 4를 통해 「ます집안」의 팔방미인 외동딸 '동사'의 기본인 개념과 역할, 그리고 활용에 대해 공부했어요, 이제 동사의 심화학습에 들어가기 앞서 그동안 학습한 동사 연용형의 핵심 부분에 대해서 한 번 더 정리하고 넘어가는 시간을 갖도록 할게요.

　어학학습은 예습보다 복습이 더 중요하답니다. 따라서 이 페이지를 적극 활용함으로써 다음 학습에 무리가 생기기 않도록 꼼꼼하게 준비해 두세요~!!!

ます집안 동사의 종류

그룹	특징	예
1그룹 동사	「る」로 끝나지 않은 모든 동사들	会う(만나다) · 行く(가다) · 話す(이야기하다)
	어미가 「る」로 끝나되, 「る」 앞에 「イ단 또는 え단」이 오지 않는 동사들	終る(끝나다) · かかる(걸리다) · 上がる(올라가다)
	★★★ 예외 동사 생김새는 2그룹 동사인데 활용은 1그룹처럼 하는 동사들	帰る(귀가하다) · 要る(필요하다) · 入る(들어가다) 走る(달리다) · 切る(자르다) · 知る(알다)
2그룹 동사	어미가 「る」로 끝나고, 「る」 앞에 「イ단 또는 え단」이 오는 동사들	食べる(먹다) · 起きる(기상하다) · 開ける(열다)
3그룹 동사	불규칙 동사	来る(오다) · する(하다)

ます집안 동사의 기본활용

한국어	1 group 동사	2 group 동사	3 group 동사
~하다	~ウ단	~ウ단	~ウ단
~한(체언 수식)	동사 + 명사	동사 + 명사	동사 + 명사
~합니다	어미를 イ단(ㅣ소리) + ます	어미 る + ます	来る> きます する> します
~하지 않습니다	어미를 イ단(ㅣ소리) + ません	어미 る + ません	来る> きません する> しません
~했습니다	어미를 イ단(ㅣ소리) + ました	어미 る + ました	来る> きました する> しました
~하지 않았습니다	어미를 イ단(ㅣ소리) + ませんでした	어미 る + ませんでした	来る> きませんでした する> しませんでした

동사의 연용형의 활용들

역할	활용형	의미
동사의 정중체	동사의 연용형 + ます ません ました ませんでした ましょう	~ㅂ니다 ~하지 않습니다 ~했습니다 ~하지 않았습니다 ~ㅂ시다
동사의 동시 동작	동사의 연용형 + ながら	~하면서
동사의 목적	동사의 연용형 + に 단, する동사는 する를 생략하고 「명사 + に」	~하러
동사의 희망 표현	1 · 2인칭(나 · 당신) 동사의 연용형 + たいです + たくないです + たかったです + たくなかったです 조사 「が」를 우선으로 한다.	~하고 싶습니다 ~하고 싶지 않습니다 ~하고 싶었습니다 ~하고 싶지 않았습니다
	3인칭(그 · 그녀 등) 동사의 연용형 + たがっています + たがっていません + たがっていました + たがっていませんでした 조사의 변화가 없다	~하고 싶어합니다 ~하고 싶어하지 않습니다 ~하고 싶어했습니다 ~하고 싶어하지 않습니다.

ます집안의 총정리

🌀 그동안 학습한 동사들

동사	의미	동사	의미
1 group 동사			
会(あ)う	만나다	遊(あそ)ぶ	놀다
歌(うた)う	노래하다	ある	(물건·식물)있다
出(だ)す	내다	買(か)う	사다
持(も)つ	가지다	書(か)く	쓰다
読(よ)む	읽다	聞(き)く	듣다
休(やす)む	쉬다	習(なら)う	배우다
迎(むか)える	맞이하다·마중하다	待(ま)つ	기다리다
話(はな)す	이야기하다		
예외 1 group 동사			
要(い)る	필요하다	知(し)る	알다
切(き)る	자르다	入(はい)る	들어가다
走(はし)る	달리다	帰(かえ)る	귀가하다
2 group 동사			
借(か)りる	빌리다	寝(ね)る	자다
見(み)る	보다	見(み)せる	보여 주다
居(い)る	(사람·동물)있다	教(おし)える	가르치다
食(た)べる	먹다	出(で)かける	외출하다
できる	할 수 있다·가능하다		

그동안 학습한 동사들

동사	의미	동사	의미
3 group 동사			
する	하다	来(く)る	오다
する 동사들			
勉強(べんきょう)する	공부하다	旅行(りょこう)する	여행하다
買(か)い物(もの)する	쇼핑하다 · 장보다	出張(しゅっちょう)する	출장가다
ゴロゴロする	빈둥거리다	のんびりする	한가로이 보내다
案内(あんない)する	안내하다		

PART 5

동사, です 집안으로 시집보내기

이제 남은 것은 「ます」집안의 외동딸인 동사를 「です」집안으로 시집 보내는 일이에요. 이 책의 앞 부분에서 「です」와 「ます」집안에 대한 개념을 정리하면서 동사는 여자이기 때문에 「です」집안으로 시집을 보내면 「です」를 달고 다닐 수 있다고 했던 말 기억하세요?

「동사ます」가 동사를 정중하게 만드는 공손체 역할을 한다면, 「동사です」는 보통체라고 할 수 있어요. 이 Part에서는 동사의 보통체와 동사의 부정형(ない형), 그리고 음편형에 대해 학습할게요.

일본어 문법 전체를 100으로 놓고 볼 때, 70% 가까이를 차지하는 것이 동사이기 때문에 동사 활용은 일본어 학습에 있어서 가장 핵심일 뿐 아니라 매우 중요한 부분이라고 할 수 있어요. 이 Part는 복잡한 동사 활용 때문에 처음에는 조금 어렵다고 느껴질 수도 있어요. 하지만 앞에서 학습한 동사의 특성과 그룹핑에 대한 내용이 아직 좀 헷갈린다면 이 Part를 시작하기 전에 반드시 다시 한 번 복습하길 바래요.

그럼 동사 시집 보내기 대작전을 시작해 볼까요?

独学で学ぶ
日本語会話の第一歩

동사, です집안으로 시집보내기

동사의 부정형과 음편형의 급소

01 동사 합니다.　　　　　　　　　동사 기본형 + んです
　　동사하지 않습니다　　　　　　　동사 ない형 + です

02 동사 했습니다　　　　　　　　　동사 음편형 + た + です
　　동사하지 않았습니다　　　　　　동사 ない형 + なかったです

03 동사해 주십시오　　　　　　　　동사 음편형 + て + ください
　　동사하지 말아 주십시오　　　　　동사 ない형 + で + ください

04 동하사고 있습니다　　　　　　　동사 음편형 + て + います
　　(상태 동사)해 있습니다　　　　　동사 음편형 + て + います

Unit 25 술을 별로 안 마십니까?

 회화 맛보기 🎧

인성 ユキさんは お酒は あまり 飲まないですか。

유키 たまには 飲みますが、すぐ 顔が 赤くなり ますから、めったに 飲まないんです。 インソンさんは お酒が 強いんですか。

인성 いいえ、あまり 強くないんですが、 飲み会は 好きです。

유키 みんなで 飲むのは 楽しいですからね。

인성 ええ、よかったら 今度 一緒に 飲みに 行きましょう。

유키 ええ、いいですね。

인성 유키 씨는 술을 별로 안 마십니까?

유키 가끔은 마시지만, 금방 얼굴이 붉어져서 좀처럼 안 마셔요. 인성 씨는 술이 세신가요?

인성 아니요, 그다지 세지 않습니다만, 술자리는 좋아합니다.

유키 모두 함께 마시는 것은 즐거우니까요.

인성 네, 괜찮으시면 다음에 같이 마시러 가시죠.

유키 네, 좋아요.

なるほど〜!!!

「めったに」는 부정의 말을 수반해서 「좀처럼 ~하지 않다」라는 의미로 사용되는 부사예요. 그 밖에 자주 쓰이는 빈도 부사로는 「いつも(항상)・よく(자주)・ときどき(가끔)・たまに(어쩌다가)・ぜんぜん(전혀)」 등이 있어요.

 기본 단어 익히기

• お酒 술	• たまに 어쩌다가, 가끔	• 顔 얼굴	• 赤い 빨갛다
• めったに (부정 수반)좀처럼	• 強い 세다, 강하다	• 飲み会 술자리, 술 모임	• 楽しい 즐겁다
• よかったら 괜찮으시다면(いい의 가정형)	• 今度 이번, 다음 번	• 一緒に 함께	

- なる 되다
- *イ형용사 ~く なる イ형용사 해지다
- 紙(かみ) 종이
- 歩(ある)く 걷다
- 書(か)く 쓰다
- 吸(す)う (담배)피우다
- 野菜(やさい) 채소
- うそを つく 거짓말을 하다
- 早(はや)く 빨리(빠른의 부사형)
- 起(お)きる 일어나다, 기상하다

유키의 어드바이스

동사의 7개 꼬리 가운데 첫 번째 꼬리의 이름이 미연형(ない형)이에요. 이 꼬리는 동사를 「부정형」, 즉 「동사 하지 않다」라는 형태로 바꾸는 역할을 하지요. 동사를 이 형태에 연결하기 위해서는 1그룹은 어미를 「ア단 (ᅡ 소리)」으로 바꾸고 2그룹은 어미 「る」를 빼고 연결하면 돼요. 마지막으로 3그룹은 무조건 암기해야 한다고 했 지요? 「来るは こない, するは しない」 이렇게 암기하면 돼요.

앞에서도 언급했듯이 「동사ません」이 정중한 말투인 공손체의 뉘앙스를 갖는다면 「동사ないです」는 보통체로 일반 회화에서 주로 사용되는 표현이에요. 참조로 우리 말로는 둘 다 똑같이 「동사하지 않습니다」라고 해석해 요.

 회화 표현 익히기

1. 동사하는 거야?

함께 가는 거야?	一緒(いっしょ)に 行(い)くの。 잇-쇼니 이쿠노

종이에 쓰는 거야? — 紙(かみ)に 書(か)くの。

30분이나 걷는 거야? — 30分(さんじっぷん)も 歩(ある)くの。

> **그렇구나!**
> 「の」는 용언(활용어)의 연체형 (기본형)에 붙어서 질문을 부드 럽게 표현하거나 가벼운 자기 확인을 나타내요. 주로 여성이나 아이들이 사용하는 표현으로, 우 리말로는 「~하는 거야? · ~ 해?」라 해석하고, 끝을 살짝 올 렸다가 바로 내려서 「노~~오」 로 발음해요.

2. 동사 하는 겁니까?

그도 함께 가는 겁니까?	彼(かれ)も 一緒(いっしょ)に 行(い)くんですか。 카레 모 잇-쇼 니 이 쿤-데스 까

여기다 쓰는 겁니까? — ここに 書(か)くんですか。

친구를 만나는 겁니까? — 友達(ともだち)に 会(あ)うんですか。

> **그렇구나!**
> 동사가 「です형」에 연결되기 위 해서는 「ん」을 필요로 해요. 즉, 「동사 기본형んです」 형태로 표 현해야 하지요. 이때 「ん」은 문장 을 강조하거나 상대가 모르는 사 실을 설명하는 뉘앙스를 갖는데 요. 문어체(문장체)에서는 「ん」이 아니라 「の」로 표기해요.

なるほど~!!!

3. 동사하지 않다.

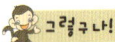
그렇구나!
동사의 「미연형(ない형)」을 만드는 방법은 「유키의 어드바이스」 부분을 참조하면 돼요. 단, 1그룹 동사 가운데 「ウ(우)」로 끝나는 동사는 「~あ ない」가 아니라 「~わ ない」로 바꾸어야 하고, 「ある」의 부정형은 「あらない」가 아니라 「ない」가 된다는 점에 주의하세요~!!!

술은 마시지 않는다. **お酒は 飲まない。**
오사케와 노마나이

담배는 피우지 않는다. **たばこは 吸わない。**

채소는 먹지 않는다. **野菜は 食べない。**

4. 좀처럼 동사하지 않습니다.

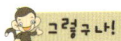
그렇구나!
빈도부사 「めったに」 뒤에는 반드시 부정의 의미를 갖는 문장이 따라온다는 점을 기억해 두세요.

영화는 좀처럼 보지 않습니다. **映画は めったに 見ないです。**
에 가 와 멘 ㅡ타니 미나이데스

거짓말은 좀처럼 하지 않습니다. **うそは めったに つかないです。**

좀처럼 일찍 일어나지 않습니다. **めったに 早く 起きないです。**

 실력 굳히기

아래의 문장들을 일본어로 바꾸어 보세요.

●●● 일단 입으로 소리 내서 발음해 본 다음, 자신의 발음을 히라가나로 적으세요.

1 함께 가는 거야?

2 여기다 쓰는 겁니까?

3 거짓말은 좀처럼 하지 않습니다.

정답 1 一緒に 行くの。   2 ここに 書くんですか。   3 うそは めったに つかないです。

170

한자 익히기

紙 かみ 종이 지 종이	紙

歩く ある 걸을 보 걷다	歩く

書く か 글 서 쓰다	書く

吸う す 숨 들이쉴 흡 (담배)피우다	吸う

野 菜 や　さい 들 야　나물 채 채소	野 菜

起きる お 일어날 기 일어나다	起きる

飲み会 の　　かい 마실 음　모일 회 술자리	飲み会

お酒 さけ 술 주 술	お酒

Unit 26
어제 저녁에 전화했는데 안 받으시더군요

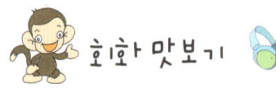 회화 맛보기

인성 ユキさん、ゆうべ 電話したんですが、
出なかったですね。

유키 えっ、そうでしたか。すみません。
きのうは 授業が 長引いたんです。

인성 あ、そうだったんですね。

유키 それで、何か ご用でしたか。

인성 いいえ、別に 大したことじゃありませんでした。
久しぶりに 家で しゃぶしゃぶパーティーでも
どうかなって…

유키 あら、それは 残念…

인성 大丈夫です。今度 また 誘います。

유키 ええ、ぜひ お願いします。
その時は 必ず 行きます。

인성 ええ、分かりました。

인성 유키 씨, 어제 저녁에 전화했는데 안 받으시더군요.

유키 어, 그러셨어요? 죄송합니다. 어제는 수업이 길어져서요.

인성 아, 그러셨군요.

유키 그래서 무슨 용건이라도 있으셨어요?

인성 아니요, 별 대단한 일은 아니었습니다. 오랜만에 집에서 샤브샤브 파티를 하면 어떨까 하고….

유키 어머, 그거 안타깝네요.

인성 괜찮습니다. 다음에 또 초대하겠습니다.

유키 네, 꼭 부탁드릴게요. 그때는 꼭 갈게요.

인성 네, 알겠습니다.

なるほど~!!!

「ぜひ」는 우리말로 「꼭」이라는 뜻으로, 반드시 뒤에 희망의 표현이나 권유의 표현이 와야 해요. 즉, 의무나 추측의 표현에는 사용할 수 없어요. 그럴 때는 「きっと」나 「かならず」라는 부사를 사용해야 올바른 표현이 된다는 점 기억하세요~!!!

기본 단어 익히기

- **ゆうべ** 어제 저녁
- 授業(じゅぎょう) 수업
- (ご)用(よう) 용무, 일
- 別(べつ)に 별로
- 大(たい)した (부정 수반) 별·이렇다 할, 큰
- パーティー 파티
- ポケット 주머니
- ~時(とき) ~때
- しゃぶしゃぶ 쇠고기, 야채 등을 얇게 썰어 넣은 전골요리, 샤브샤브
- ぜひ 꼭
- 必(かなら)ず 반드시, 꼭
- 残念(ざんねん)だ 유감이다, 안타깝다
- 大丈夫(だいじょうぶ)だ 괜찮다
- 出(で)る 나오다
- 長引(ながび)く 지연되다, 길어지다
- 誘(さそ)う 초대하다, 권유하다
- 死(し)ぬ 죽다
- 返(かえ)す 돌려 주다

유키의 어드바이스

일본어의 1그룹 동사가 「て(~하고·해서)·た(~했다)·たり(~하기도 하고)·たら(~했더니」에 연결될 때 발음을 편하게 하기 위해 일련의 어미변화가 일어나는 현상을 '음편'이라고 해요. 이번 Unit에서는 이 음편형을 이용한 과거시제(~했다)와 과거부정시제(~하지 않았다)에 대해서 학습할 거예요. 동사를 음편형에 연결하는 자세한 방법에 대해서는 이 Unit의 제일 마지막 페이지에 정리해 두었으니까 문형을 학습하기 전에 꼭 한 번 읽어보길 바래요. 그럼 시작해 볼게요.

회화 표현 익히기

1. 1그룹동사(う·つ·る) 했다.

새 차를 샀다.	新(あたら)しい 車(くるま)を 買(か)った。(買(か)う) 아타라 시 - 쿠루마 오 칸 - 타

1시간이나 기다렸다.　一時間(いちじかん)も 待(ま)った。(待(ま)つ)

어제 백화점에 갔다.　きのう デパートへ 行(い)った。(行(い)く)

> **그렇구나!**
> 1그룹 동사 중 어미가 「う·つ·る」로 끝나는 동사가 과거형 「~た」에 연결될 때는 어미를 「っ」로 바꾸어야 해요. 단, 「行(い)く(가다)」는 예외 음편으로서 어미가 「う·つ·る」에 속하지 않아도 「っ」로 변화하기 때문에 「行(い)った」의 형태로 바뀐다는 점에 유의하세요.

2. 1그룹동사(ぬ·ぶ·む) 했다.

그는 죽었다.	彼(かれ)は 死(し)んだ。(死(し)ぬ) 카레 와 신 - 다

어제는 실컷 놀았다　きのうは さんざん 遊(あそ)んだ。(遊(あそ)ぶ)

재미있는 만화를 읽었다.　おもしろい 漫画(まんが)を 読(よ)んだ。(読(よ)む)

> **그렇구나!**
> 1그룹 동사 중 어미가 「ぬ·ぶ·む」로 끝나는 동사가 과거형 「~た」에 연결될 때는 어미를 「ん」로 바꾸어야 해요. 이때 뒤에 오는 음편형 「た」에도 탁음(゙)이 붙어서 「んだ」의 형태로 바뀐다는 점에 주의하세요.

なるほど〜!!!

3. 1그룹 동사(く) 했다.

그렇구나!
1그룹 동사 중 어미가 「く」나 「ぐ」로 끝나는 동사가 과거형 「〜た」에 연결될 때는 어미를 「い」로 바꾸어야 해요. 이 때 주의해야 할 점은 「く」는 「いた」가 되지만 「ぐ」로 끝날 때는 탁음이 따라붙어서 「いだ」로 바뀐다는 점이에요.

수업이 지연됐다.　授業が 長引いた。(長引く)
　　　　　　　　　쥬교−가 나가비이타

일본어로 썼다.　日本語で 書いた。(書く)

그에게서 들었다.　彼から 聞いた。(聞く)

4. 1그룹 동사(す) 했다.

그렇구나!
1그룹 동사 중 어미가 「す」로 끝나는 동사가 과거형 「〜た」에 연결될 때는 어미를 「し」로 바꾸어야 해요.

그는 일본어로 이야기했다.　彼は 日本語で 話した。(話す)
　　　　　　　　　　　　　카레와　니혼−고 데 하나시타

책을 돌려 주었다.　本を 返した。(返す)

주머니에서 돈을 꺼냈다.　ポケットから お金を 出した。(出す)

5. 2그룹 동사 · 3그룹 동사 했다.

그렇구나!
2그룹 동사와 3그룹 동사가 과거형 「〜た」에 연결될 때는 음편 현상이 일어나지 않아요. 이 둘은 「연용형(ます형)」으로 고치고 「〜た」를 연결해요.

친구와 밥을 먹었다.　友達と ごはんを 食べた。(食べる)
　　　　　　　　　토모다찌토　고항−오 타베타

오늘은 일찍 일어났다.　きょうは 早く 起きた。(起きる)

어제는 일본어 공부를 했다.　きのうは 日本語の 勉強を した。(勉強する)

6. 동사하지 않았다.

그렇구나!
동사의 과거부정형을 만들 때는 동사의 「미연형(ない형)」에 「なかった」를 연결하면 돼요. 단, 이 때도 「う」로 끝나는 동사는 「わなかった」의 형태로 연결해야 한다는 점에 유의하세요. 또 음편형을 정중한 형태로 바꿀 때는 뒤에 「です」를 붙인다는 것도 기억해 두세요.

전화를 받지 않았다.　電話に 出なかった。(出る)
　　　　　　　　　뎅−와 니 데나캇−타

나는 가지 않았다.　私は 行かなかった。(行く)

어제는 그를 만나지 않았다.　きのうは 彼に 会わなかった。(会う)

 실력 굳히기

아래에 주어진 동사를 과거형과 과거부정형으로 바꾸세요.

●●● 일단 입으로 소리 내서 발음해 본 다음, 자신의 발음을 히라가나로 적으세요.

그룹	동사	의미	과거형(~た)	과거 부정형(~なかった)
1	買(か)う	사다		
1	待(ま)つ	기다리다		
1	ある	(무생물·식물)있다		なかった
1	行(い)く	가다	いった	
1	死(し)ぬ	죽다		
1	遊(あそ)ぶ	놀다		
1	飲(の)む	마시다		
1	読(よ)む	읽다		
1	書(か)く	읽다		
1	聞(き)く	듣다·묻다		
1	話(はな)す	이야기하다		
1	出(だ)す	내다		
1	返(かえ)す	돌려 주다		
2	食(た)べる	먹다		
2	起(お)きる	일어나다		
3	する	하다		

정답
- 買う:かった / かわなかった
- 行く:いかなかった
- 飲む:のんだ / のまなかった
- 聞く:きいた / きかなかった
- 返す:かえした / かえさなかった
- する:した / しなかった

- 待つ:まった / またなかった
- 死ぬ:しんだ / しななかった
- 読む:よんだ / よまなかった
- 話す:はなした / はなさなかった
- 食べる:たべた / たべなかった

- ある:あった
- 遊ぶ:あそんだ / あそばなかった
- 書く:かいた / かかなかった
- 出す:だした / ださなかった
- 起きる:おきた / おきなかった

さそ **誘う** 꾈 유 초대하다 · 권유하다	誘う

し **死ぬ** 죽을 사 죽다	死ぬ

き **聞く** 물을 문 듣다 · 묻다	聞く

で **出る** 날 출 나오다	出る

はな **話す** 말할 화 이야기하다	話す

かえ **返す** 돌아올 반 돌려 주다	返す

だ **出す** 날 출 내다	出す

なが び **長引く** 길 장 끌 인 지연되다 · 길어지다	長引く

알아두기 음편이란?

누가?   5단 동사가

언제?   1. て(~하고, ~해서)

             2. た(~했다) + 와 만날 때

             3. たり(~하기도 하고)

             4. たら(~하면)

무엇을?   어미를

왜?   발음이 편하도록

어떻게?

종류	기본형	ます형	접속형 (て형)		음편형
1 group	あう(만나다) まつ(기다리다) のる(타다)	あいます まちます のります	atte matte notte	あって まって のって	촉음(っ)편
	しぬ(죽다) のむ(마시다) よぶ(부르다)	しにます のみます よびます	sinde nonde yonde	しんで のんで よんで	발음(ん)편
	かく(쓰다) およぐ(수영하다) ★ いく(가다)	かきます およぎます いきます	kaite oyoide itte	かいて およいで いって	い음편 ★★★예외
	はなす(이야기하다) かえす(돌려 주다)	はなします かえします	hanasite kaesite	はなして かえして	음편 X
2 group	みる(보다) たべる(먹다)	みます たべます	mite tabete	みて たべて	
3 group	くる(오다)	きます	kite	きて	
	する(하다)	します	site	して	

※ 위의 표 이외의 어미를 가진 동사들이 て, た, たり, たら에 접속할 때는 연용형(ます형)에 접속한다
  (2 그룹 동사, 3 그룹 동사, 1 그룹 동사 가운데 「はなす」처럼 「す」로 끝나는 동사).

※ い음편 가운데 「いく(가다)」는 예외적으로 촉음(っ)편, 즉 「いって」 형태로 바뀐다는 점에 유의한다.

Unit 27 많이 드십시오

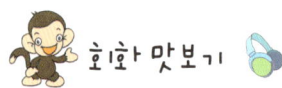 회화 맛보기

인성 ユキさん、どうぞ あがって ください。

유키 それでは お邪魔(じゃま)します。

인성 あそこの ソファーに 座(すわ)って ください。

유키 ええ、ありがとうございます。

인성 すぐ できますから、
もう 少(すこ)しだけ 待(ま)って ください。

유키 ええ、何(なに)か すごく いい においが します。

인성 いや、ただの シーフードの しゃぶしゃぶで
すが、大丈夫(だいじょうぶ)ですか。

유키 ええ、大好(だいす)きです。

인성 それは よかった。
じゃ、たくさん 食(た)べて くださいね。

유키 ええ、たくさん 食(た)べますから、
後(あと)で からかわないで くださいね。

인성 유키 씨, 어서 들어오세요.
유키 그럼 실례하겠습니다.
인성 저쪽의 소파에 앉으세요.
유키 네, 고맙습니다.
인성 금방 되니까 조금만 더 기다려 주세요.
유키 네, 뭔가 굉장히 맛있는 냄새가 나네요.
인성 아니요, 그냥 해물 샤브샤브입니다만,
괜찮으시겠습니까?
유키 네, 정말 좋아해요.
인성 그거 다행이군요. 그럼 많이 드십시오.
유키 네, 많이 먹을 테니까, 나중에 놀리지
마세요~!

なるほど~!!!

「～て ください」는 우리말로 「～해 주세요·
～해 주십시오」라는 뜻을 가진 표현이에요.
동사가 「～て ください」에 연결될 때는 음편
현상이 일어나요. 음편에 대해서는 26과의
상세한 설명을 참조하세요~!!!

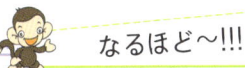

 기본 단어 익히기

- 辞書[じしょ] 사전
- ゆっくり 천천히, 느긋하게
- そんなに 그렇게
- すぐ 곧, 금방
- すごい 굉장하다, 대단하다
- ただ 보통, 예사
- お邪魔します。[じゃま] 실례하겠습니다.
- においが する 냄새가 나다
- * 入る[はい] 들어가다(예외 동사)
- 怒る[おこ] 화내다
- ~に 触る[さわ] ~을 만지다, ~에 손대다
- * 走る[はし] 달리다(예외 동사)
- 使う[つか] 사용하다
- 詰める[つ] (사이를)좁히다

유키의 어드바이스

「お邪魔します」는 남의 집이나 사무실을 방문해서 들어갈 때 하는 인사말이에요. 이 말은 원래 「邪魔をする(방해를 하다)」라는 말인데, 남의 공간으로 마음대로 침범해서 (방해해서) 미안하다는 뉘앙스로 사용되는 말이에요.

 회화 표현 익히기

1. 동사해 줘.

| 좀 기다려 줘. | **ちょっと 待って。[ま]**
춋 - 토 맏 - 떼 |

사전 좀 빌려 줘.   ちょっと 辞書、貸して。[じしょ][か]

빨리 와 줘.   早く 来て。[はや][き]

> **그렇구나!**
> 동사의 「て」는 원래 「〜하고 · 〜해서」라는 의미지만, 「〜て」의 형태로 문장이 끝나는 경우에는 「〜해」라는 의미가 되는데 가벼운 명령이나 권유의 뉘앙스로 친한 사이에서 사용하는 표현이에요.

2. 동사해 주세요.

| 들어오세요. | **入ってください。[はい]**
하일 - 떼 쿠 다 사 이 |

조금만 기다려 주세요.   少し 待ってください。[すこ][ま]

좀 더 천천히 말해 주세요.   もう少し、ゆっくり 話してください。[すこ][はな]

> **그렇구나!**
> 「동사 てください」는 우리말의 「〜해 주세요 · 〜해 주십시오」라는 표현이에요. 동사의 음편형에 연결해서 사용하지요. 참고로 「入る」는 예외 동사이니까 1그룹 동사 활용을 한다는 점에 유의하세요〜!!!

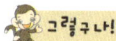
なるほど～!!!

3. 동사 하지 마.

「동사 ~ないで」는 우리말의 「~하지 마」라는 표현으로, 「~て」처럼 친한 사이에서 사용하지요. 참고로 「そんなに」는 「そのように」의 구어체로 「그렇게」라는 의미인데, 「こ・そ・あ・ど」와 연결해서 「こんなに・そんなに・あんなに・どんなに」식으로 사용돼요.

아무것도 말하지 마.

何も 言わないで。
나니모 이와나이데

그렇게 화내지 마.

そんなに 怒らないで。

그 책에 손대지 마.

その 本に 触らないで。

4. 동사 하지 말아 주세요.

「동사 ないでください」는 우리말로 「~하지 말아 주세요」라는 의미로, 동사의 「미연형(ない형)」에 연결해서 사용해요. 참고로 「走る」는 예외 동사이니까 1그룹 활용을 해야 한다는 점에 유의하세요.

여기서 뛰지 말아 주세요.

ここで 走らないでください。
코 꼬데 하시라 나 이데 쿠다 사 이

놀리지 말아 주세요.

からかわないでください。

여기서 담배를 피우지 말아 주세요.

ここで たばこを 吸わないでください。

5. 동사 해 주지 않으시겠습니까?

「~てください」는 엄밀하게 말하면 정중한 표현이라고는 할 수 없어요. 「~てくださいませんか」형태를 이용하면 좀 더 공손한 뉘앙스의 부탁 표현이 돼요.

다시 한 번 말씀해 주시지 않겠습니까?

もう一度 言ってくださいませんか。
모 ― 이찌도 잇 ― 테쿠 다 사 이 마 셍 ― 까

여기서 기다려 주시지 않겠습니까?

ここで 待ってくださいませんか。

(자리를) 좀 좁혀 주시지 않겠습니까?

ちょっと 詰めてくださいませんか。

 실력 굳히기

아래의 문장들을 일본어로 바꾸어 보세요.

●●● 일단 입으로 소리 내서 발음해 본 다음, 자신의 발음을 히라가나로 적으세요.

1 기다려 줘.

_____

2 빨리 말해 줘.

_____

3 들어오세요.

_____

4 좀 더 천천히 말해 주세요.

_____

5 그렇게 화내지 마.

_____

6 거기에 손대지 마.

_____

7 다시 한 번 말씀해 주시지 않겠습니까?

_____

8 (자리를) 좀 좁혀 주시지 않겠습니까?

_____

정답　1 待って。　　　　　　　　　　2 早く 言って。　　　　　　3 入ってください。
　　　4 もう少し ゆっくり 話してください。　5 そんなに 怒らないで。　6 そこに 触らないで。
　　　7 もう一度 言ってくださいませんか。　8 ちょっと 詰めてくださいませんか。

辞書 _じ _{しょ} 말 **사** 쓸 **서** 사전	辞 書

声 _{こえ} 소리 **성** 목소리	声

怒る _{おこ} 성낼 **노** 화내다 · 성내다	怒る

触る _{さわ} 닿을 **촉** 만지다 · 손대다	触る

走る _{はし} 달릴 **주** 달리다	走る

使う _{つか} 쓸 **사** 사용하다	使う

詰める _つ 물을 **힐** (자리를)좁히다	詰める

吸う _す 숨 들이쉴 **흡** (공기)들이마시다 · (담배)피우다	吸う

우산 안 가져 오셨죠?

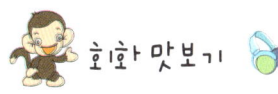
호화 맛보기

유키 ごちそうさまでした。とても おいしかったです。

인성 それは よかったです。
あれ、雨(あめ)が 降(ふ)ってきましたよ。

유키 あら、困(こま)ったわ。

인성 傘(かさ)、持(も)ってきていませんね。

유키 ええ、昼間(ひるま)の 間(あいだ)は 晴(は)れでしたから、
持(も)ってきていません。

인성 じゃ、僕(ぼく)のを 貸(か)しますから、
少(すこ)し 待(ま)っていてください。

유키 今日(きょう)は すっかり お世話(せわ)になりました。
今度(こんど)は 私の 方(ほう)から ご招待(しょうたい)します。

인성 そうですか。じゃ、楽(たの)しみにしています。

유키 잘 먹었습니다. 굉장히 맛있었어요.

인성 그거 다행이네요. 어, 비가 내리기 시작
했어요.

유키 어머, 곤란한데.

인성 우산 안 가져 오셨죠?

유키 네, 낮에는 화창해서 안 가지고 왔어
요.

인성 그럼 제 것을 빌려드릴 테니까 잠시
기다리고 계세요.

유키 오늘은 신세를 많이 졌네요. 다음에는
제 쪽에서 초대할게요.

인성 그래요? 그럼 기대하고 있겠습니다.

なるほど～!!!

 기본 단어 익히기

- ドア 문
- <ruby>雨<rt>あめ</rt></ruby> 비
- ぼうし 모자
- めがね 안경
- ワンピース 원피스
- いす 의자
- <ruby>窓<rt>まど</rt></ruby> 창문
- <ruby>川辺<rt>かわべ</rt></ruby> 강변
- <ruby>空<rt>そら</rt></ruby> 하늘
- <ruby>橋<rt>はし</rt></ruby> 다리
- <ruby>山<rt>やま</rt></ruby> 산

〈타동사〉

- かぶる (모자) 쓰다
- かける (안경) 쓰다
- <ruby>着<rt>き</rt></ruby>る 입다

〈자동사〉

- <ruby>開<rt>あ</rt></ruby>く 열리다
- <ruby>閉<rt>し</rt></ruby>まる 닫히다
- <ruby>降<rt>ふ</rt></ruby>る 내리다
- <ruby>流<rt>なが</rt></ruby>れる 흐르다
- <ruby>壊<rt>こわ</rt></ruby>れる 망가지다
- <ruby>止<rt>と</rt></ruby>まる 서다·멈추다
- <ruby>割<rt>わ</rt></ruby>れる 깨지다

〈상태동사〉

- <ruby>知<rt>し</rt></ruby>る 알다
- <ruby>住<rt>す</rt></ruby>む 살다
- <ruby>結婚<rt>けっこん</rt></ruby>する 결혼하다

유키의 어드바이스

「お世話になりました」라는 표현은 「신세를 졌습니다」라는 뜻이지만, 만일 「평소에 늘 신세를 지고 있다」는 표현으로 사용하고 싶다면 진행형태를 이용해 「いつもお世話になっております」라고 해야 맞아요. 또 「楽しみにしています」는 직역하면 「즐거움으로 하고 있겠다」가 되지만, 실제로는 우리말의 「기대하겠다」라는 뉘앙스로 사용되지요. 이 표현 모두 자주 사용되는 만큼 관용구처럼 암기해 두면 매우 유용할 거에요.

 회화 표현 익히기

1. 타동사하고 있습니다. (현재진행)

그렇구나!

「타동사 + を + ている」 형태로 타동사의 현재진행 상태를 표현할 수 있어요.

밥을 먹고 있습니다.

ごはんを <ruby>食<rt>た</rt></ruby>べています。
고항-오 타베테이마스

친구를 기다리고 있습니다. <ruby>友達<rt>ともだち</rt></ruby>を <ruby>待<rt>ま</rt></ruby>っています。

가족에게 편지를 쓰고 있습니다. <ruby>家族<rt>かぞく</rt></ruby>に <ruby>手紙<rt>てがみ</rt></ruby>を <ruby>書<rt>か</rt></ruby>いています。

184

2. 자동사 하고 있습니다. (현재진행)

문이 열리고 있습니다.	ドアが 開いて います。 도 아 가 아이테이마스

비가 오고 있습니다. 　雨が 降っています。

물이 흐르고 있습니다. 　水が 流れています。

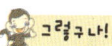 그렇구나!
> 「자동사＋が＋ている」 형태로 자동사의 현재진행 상태를 표현할 수 있어요.

3. 타자동사하고 있지 않습니다. (상태)

모자를 쓰고 있지 않습니다.	ぼうしを かぶって いません。 보 - 시 오 카붇 - 테이마셍 -

안경을 쓰고 있지 않습니다. 　めがねを かけていません。

원피스를 입고 있지 않습니다. 　ワンピースを 着ていません。

그렇구나!
> 「타동사＋を＋ている」 형태로 타동사의 완료된 동작의 존속 상태를 표현할 수 있는데, 부정형의 문장을 만들 때는 「います」의 부정형인 「いません」을 사용해요.

4. 자동사해져 있습니다. (상태)

의자가 망가져 있습니다.	いすが 壊れて います。 이 스 가 코와레테이마스

차가 세워져 있습니다 　車が 止まっています。

창이 깨져 있습니다. 　窓が 割れています。

그렇구나!
> 「자동사＋が＋ている」 형태로 자동사의 상태를 표현할 수 있어요.

5. 장소를 자동사하고 있습니다. (상태)

하늘을 날고 있습니다.	空を 飛んで います。 소라 오 톤 - 데이마스

다리를 건너고 있습니다. 　橋を 渡っています。

강변을 달리고 있습니다. 　川辺を 走っています。

그렇구나!
> 「자동사 ＋ている」의 경우 자동사 앞에 목적격 조사 「を」를 사용하지 않는 것이 원칙이지만, 목적어 대신 장소와 위치를 나타내는 말이 와서 그 동작이 이루어지는 장소를 나타낼 때는 제한적으로 「を」를 사용해요. 이런 동사에는 「飛ぶ(날다), 走る(달리다), 歩く(걷다), 登る(오르다), 降りる(내리다), 渡る(건너다), 出る(나오다)」 등이 있어요.

なるほど～!!!

6. 상태동사 합니다.

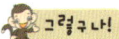 그렇구나!

일본어에는 '상태동사'라고 해서 반드시 「ている」형태로 표현해야 하는 동사들이 있어요. 예를 들어 「知る(알다)・住む(살다)・太る(살찌다)・結婚する(결혼하다)・お腹が空く(배가 고프다)」등이 대표적이며, 해석은 그냥 「～하다」라고 하는 것이 일반적이에요.

나도 잘 압니다.	私もよく 知っています。 와타시 모 요쿠 싣ー 테 이 마 스

나는 서울에 삽니다.   私は ソウルに 住んでいます。

나는 결혼했습니다.   私は 結婚しています。

 실력 굳히기

아래의 문장들을 일본어로 바꾸어 보세요.

●●● 일단 입으로 소리 내서 발음해 본 다음, 자신의 발음을 히라가나로 적으세요.

1   밥을 먹고 있습니다.

_____

2   비가 오고 있습니다.

_____

3   하늘을 날고 있습니다.

_____

4   다리를 건너고 있습니다.

_____

5   잘 압니다.

_____

정답   1 ごはんを 食べています。   2 雨が 降っています。   3 空を 飛んでいます。
       4 橋を 渡っています。   5 よく 知っています。

あ **開く** 열 개 열리다	開く

し **閉まる** 닫을 폐 닫히다	閉まる

ふ **降る** 내릴 강 (비 · 눈)내리다	降る

なが **流れる** 흐를 류 흐르다	流れる

き **着る** 붙을 착 입다	着る

し **知る** 알 지 알다	知る

ふと **太る** 클 태 살찌다	太る

こわ **壊れる** 무너질 괴 무너지다 · 붕괴하다	壊れる

동사, です집안으로 시집보내기 총정리

그 동안 Part 5를 통해서 「ます집안」의 팔방미인 외동딸인 동사에 「です」를 연결해서 보통체를 만드는 방법과 음편형에 대해서 공부해 보았는데요, 이제까지의 학습내용을 모두 소화하셨다면 일본어 문법에 대한 기초적인 활용에 대해서는 모두 습득을 하셨다고 할 수 있어요.

이제 그 동안 학습한 내용에 대해서 전체적으로 정리해보도록 할게요. 정리 내용을 참조하셔서 아직 이해가 조금 부족하다고 생각되는 part는 다시 한 번 확인해 보는 시간을 갖도록 해 보세요.

です집안 총정리

한국어	형용사	ナ형용사	명사
~하다	~い	~だ	명사だ
~한(체언수식)	イ형용사 + 명사	★ ナ형용사だ な 명사	명사 の 명사
~합니다	イ형용사 です ★ いいと 'よい'로 활용	ナ형용사だ です	명사 です
~하지 않습니다. 　　보통체 　　정중체 　　문어체	イ형용사い くないです =くありません	ナ형용사だ じゃないです =じゃありません =ではありません	명사 じゃないです =じゃありません =ではありません
~했습니다 　　보통체 　　정중체	★ イ형용사い かったです	ナ형용사だ だったです =でした	명사 だったです =でした
~하지 않았습니다 　　보통체 　　정중체 　　문어체	イ형용사い くなかったです =くありませんでした	ナ형용사だ じゃなかったです =じゃありませんでした =ではありませんでした	명사 じゃなかったです =じゃありませんでした =ではありませんでした

ます집안 총정리

한국어	정중체	보통체
~합니다	동사의 연용형(ます형) + ます	동사의 기본형 + んです
~하지 않습니다	동사의 연용형(ます형) + ません	동사의 미연형 + ないです
~했습니다	동사의 연용형(ます형) + ました	동사의 음편형 + たです
~하지 않았습니다	동사의 연용형(ます형) + ませんでした	동사의 미연형 + なかったです

동사의 미연형(**ない**형)

종류	기본형	ない형	발음
1 group	★あう(만나다)	あわない	awanai
	まつ(기다리다)	またない	matanai
	のる(타다)	のらない	noranai
	しぬ(죽다)	しなない	sinanai
	のむ(마시다)	のまない	nomanai
	よぶ(부르다)	よばない	yobanai
	かく(쓰다)	かかない	kakanai
	およぐ(수영하다)	およがない	oyoganai
	いく(가다)	いかない	ikanai
	はなす(이야기하다)	はなさない	hanasanai
	かえす(돌려주다)	かえさない	kaesanai
2 group	みる(보다)	みない	minai
	たべる(먹다)	たべない	tabenai
3 group	★くる(오다)	こない	konai
	する(하다)	しない	sinai

동사의 음편형

종류	기본형	ます형	접속형 (て형)		음편형
1 group	あう(만나다)	あいます	atte	あって	촉음(っ)편
	まつ(기다리다)	まちます	matte	まって	
	のる(타다)	のります	notte	のって	
	しぬ(죽다)	しにます	sinde	しんで	발음(ん)편
	のむ(마시다)	のみます	nonde	のんで	
	よぶ(부르다)	よびます	yonde	よんで	
	かく(쓰다)	かきます	kaite	かいて	い음편
	およぐ(수영하다)	およぎます	oyoide	およいで	
	★いく(가다)	いきます	itte	いって	★★★예외

조사	의미	참조
は	은, 는 1. 주체 2. 대비 3. 강조	私は田中です。 日本語はやさしいが、英語は難しい。 そんなに難しくはない。
が	이, 가 1. 자동사 2. 특정ナ@ 3. 가능동사 4. 희망표현	~ができる、分かる ~が嫌いだ、好きだ、上手だ、下手だ ~が ~れる / られる ~が ~たい
を	을, 를	公園(こうえん)を散歩します。
が	접속조사 (~이지만, ~하지만)	おいしいが高い。
の	1. 소유격 (~의) 2. 동격 (~인) 3. 소유물 (~의 것)	私の鞄(かばん)はどこにありますか。 女性の私には無理(むり)です。 それはわたしのです。
か	1. 의문 종조사 (~까?) 2. 불확실 표현 (~인지 ~할지 ~가) - ~かどうか (~인지 아닌지, ~일지 어떨지)	行きますか。 誰かいませんか。 行くかどうかまだ分かりません。
で	1. 동작이 일어나는 장소 (~에서) 2. 원인 (~으로, ~때문에) 3. 수단, 방법 (~으로) 4. 재료 (~로) 5. 상태-한정표현 (~로(서) ~해서) 6. 문장 연결 (~이고)	部屋で寝ています。 風邪(かぜ)で休みました。 タクシーで行きましょう。 紙(かみ)で作りました。 全部で1000円です。 彼女は先生で日本人です。
から	1. 기점-순서, 범위 (~부터) 2. 경유 (~을 통해서, ~으로) ★★★ 3. 원료, 재료 (화학적 변화) 4. 원인, 이유 (@·ⓥ기본형+から, ナ@·ⓝ+だから)	明日(あした)からテストです。 窓(まど)から海(うみ)が見える。 紙(かみ)は木から作られます。 忙しいから行かなかった。 きれいだから好きだ。
までに まで ★★★	늦어도 어느 시점까지 어느 시점까지 동작이나 상태가 계속됨.	遅くても10時までには帰ってください。 今日は10時まで働かなくちゃいけません。
ほど	비교 (~만큼) ★부정 수반 ⓥば(가정형)~ほど (ⓥ하면 할수록)	テストは思ったほど難しくなかった。 勉強すればするほど上手になります。
も	1. 첨가 (~도) 2. 강조 (~씩이나)	私も食べます。 タクシー代(だい)で10,000円もかかった。

조사	의미	참조
へ	1. 동작의 방향 (~로, ~으로) 2. 동작의 대상 (~에게, ~께)	家へ帰りました。 母への手紙。
に	1. 동사의 목적 (~하려고) ★★★ – 동작성する⓪ + に – ⓥ의 연용형(ます형) + に 2. ~에, 에게 – 귀착점 – 대상 (동작의 대상) – 使役 ★ – 受身、使役受身(동작, 작용의 근원)★ 3. 장소, 방향 (~에 ~로) (＊'に'는 목적지 강조, 'へ' 는 방향 강조.) 4. 존재 위치 (~에) 5. 때, 시간 ★ (단, 明日、今日、きのう、今朝(けさ)、来年등의 추상적 시간 뒤에는 붙지 않음) 6. 비교 대상 (~에, ~과(와)) 7. 원인, 계기 (~으로, ~해서) 8. 특정 동사	買い物に行きます。 映画を見に行きました。 ソウルに着く。 彼に聞いて。 子供に勉強させる。 友達に2時間も待たされる 学校に行きます。 田中さんは部屋にいます。 午後3時に会いましょう。 日本に比(くら)べて寒い。 あまりの嬉しさに泣いてしまった。 に会う、に乗る、になる、に向かう、 に勤める、に憧(あこが)れる、に従(したが)う、 に入る、に就(つ)く、に通(かよ)う、に沿(そ)う に勝つ、に迷(まよ)う、に背(そむ)く に住んでいる、に似(に)ている ★相談(そうだん)にのる(상담, 의논하다)
ので	이유, 원인 (~때문에, ~해서, ~므로) (ⓐ · ⓥ기본형, ナⓐ · ⓝ+なので)	きれいなので好きです。
のに	1. 역접 (~한데, ~는 데도) (ⓐ · ⓥ기본형, ナⓐ · ⓝ+なのに) 2. 예상과 다른 결과에 대한 불만, 아쉬움 (~는데, ~텐데, ~련만) 3. 연어 (~하기 위해, ~하는 데)	お金がないのに贅沢(ぜいたく)する。 行けばよかったのに… (예문처럼 가정형과 연결되는 경우 많음) 勉強するのに必要です。
しか	대상 한정 (~밖에) ★부정 수반	山田さん一人しか来なかった。

발음부터 회화까지 쉽게 배우는
독학 **일본어**
첫걸음 개정판

초판　1쇄 발행　2007년 07월 02일
개정판 1쇄 발행　2026년 03월 25일

지은이 | 이수진
펴낸이 | 이규인
편　집 | 조슬기
디자인 | 강현미
일러스트 | 우승용

펴 낸 곳 | 예스북
출판등록 | 2005년 3월 21일 제320-2005-25호
주　　　소 | 서울시 영등포구 문래북로116 9층 903호
　　　　　　(문래동3가 트리플렉스)
전　　　화 | (02) 337-3054
팩　　　스 | (02) 326-3218
E-mail | changbook1@hanmail.net
홈페이지 | www.e-yesbook.co.kr

ISBN 979-11-24376-01-0 (13730)

정가 18,000원